ClimatePartner°
klimaneutral

Verlag | ID: 128-50040-1010-1082

Selbstverpflichtung zum nachhaltigen Publizieren

Nicht nur publizistisch, sondern auch als Unternehmen setzt sich der oekom verlag konsequent für Nachhaltigkeit ein. Bei Ausstattung und Produktion der Publikationen orientieren wir uns an höchsten ökologischen Kriterien. Dieses Buch wurde auf 100 Prozent Recyclingpapier, zertifiziert mit dem FSC®-Siegel und dem Blauen Engel (RAL-UZ14), gedruckt. Auch für den Karton des Umschlags wurde ein Papier aus 100 Prozent Recyclingmaterial, das FSC®-ausgezeichnet ist, gewählt. Alle durch diese Publikation verursachten CO_2-Emissionen werden durch Investitionen in ein Gold-Standard-Projekt kompensiert. Die Mehrkosten hierfür trägt der Verlag. Mehr Informationen finden Sie unter: http://www.oekom.de/allgemeine-verlagsinformationen/nachhaltiger-verlag.html

Bibliografische Information der Deutschen Nationalbibliothek:
Die Deutsche Nationalbibliothek verzeichnet diese Publikation
in der Deutschen Nationalbibliografie; detaillierte bibliografische
Daten sind im Internet über http://dnb.d-nb.de abrufbar.

2. aktualisierte und erweiterte Auflage von:
BurnOut. Wie wir eine aus den Fugen geratene Wirtschaft wieder ins Lot bringen,
© 2017 oekom verlag, München
Gesellschaft für ökologische Kommunikation mbH
Waltherstraße 29, 80337 München

Umschlaggestaltung: Ralf Hellmut, ralf@alles-ist-da.de
Lektorat: Heike Gronemeier, text&bild. agentur für verlage
Korrektorat: Maike Specht
Layout + Satz: Ines Swoboda, oekom verlag

Druck: Bosch-Druck GmbH, Ergolding

RECYCLED
Papier aus
Recyclingmaterial
FSC
www.fsc.org FSC® C011862

Peter H. Grassmann

Werteorientierte Marktwirtschaft

*Wie die Wirtschaft
mit Umwelt und Gesellschaft
in Einklang kommen kann*

Inhalt

KAPITEL IV

Werte*regulierte* Marktwirtschaft – durch politische Begleitung

KAPITEL V

Die Klimaverantwortung

Zusammenfassung für den eiligen Leser

BurnOut. Wie wir eine aus den Fugen geratene Wirtschaft wieder ins Lot kriegen erschien nach der Finanzkrise und zeigte einen Weg, wie solche Exzesse der Marktwirtschaft zukünftig vermieden werden können. Es zeigte der Politik, wie sie die Wirtschaft zu mehr Disziplin und Selbstregulierung zwingen kann. Der Titel *BurnOut* passte gut nach der Finanzkrise, die – zunächst berauscht vom Erfolg ihrer Gier – in einer weltweiten Krise kollabierte. Der nach diesem *BurnOut* vorgeschlagene Regelungsmechanismus durch branchenspezifisch erarbeitete ethische Leitlinien gefiel der EU-Kommission, sie nahm es in ihre Nachhaltigkeitsstrategie auf. Das aber gefiel den Lobbyverbänden der Wirtschaft nicht, sie zerschossen es mit dem aus der Lobbyarbeit altbekannten Argument des größtmöglichen Erfolgs durch weitestgehende Freiheit. Nur: Wenn das stimmen würde, gäbe es weder den Klimawandel, noch hätte es die letzte Finanzkrise gegeben.

Der in *BurnOut* vorgeschlagene Zwang zu (mitbestimmter) Selbstregulierung hätte beides verhindern können – und ist nach meiner langjährigen Erfahrung mit Wirtschaftsführung und den Schwächen politischer Vorgabe eine zwingende Komponente auf dem Weg zu einer nachhaltigen, ökosozialen Marktwirtschaft. Das Konzept bleibt gerade jetzt, nach Trump und letzten abgeschwächten Gesetzgebungen, brandaktuell. Deshalb legen wir das Buch neu auf, sein Konzept gilt weiter. Die branchenweite Selbstverpflichtung für ethisch schwierige Wirtschaftsbranchen bleibt der Weg, um den Kapitalismus zu zähmen.

Allerdings hat sich seit dem Erscheinen von *BurnOut* die Welt erheblich weiterbewegt. Die Bereitschaft der Wirtschaft, sich Regeln nachhaltigen Wirtschaftens aufzuerlegen, ist gestiegen, »grün« ist in, wurde zur Mode. Das gilt für viele Einzelunternehmen wie auch für größere Zusammenschlüsse von Unternehmen. Die vielen Label und

Zertifikate der Landwirtschaft und der Ernährungsindustrie sind beredtes Beispiel, allerdings mit Wildwuchs und Missbrauch.

Die Werteorientierung der Wirtschaft ist also gestiegen, in der jetzigen Phase kann man bereits von einer werte*orientierten* Marktwirtschaft sprechen, wenn auch mit zwar hoher Bereitschaft, aber gleichzeitig einem Wildwuchs von »Unternehmensversprechen« und deren Qualität. Dieser Phase entsprechend haben wir diese 2. aktualisierte Auflage von *BurnOut* umbenannt in *Werteorientierte Marktwirtschaft*. Wir wollen uns mit Trends und Verbesserungsmöglichkeiten kritisch anregend auseinandersetzen und dabei auch spannende Entwicklungen der letzten Jahre – diese interessante Mischung von positiven Trends und hinhaltendem Widerstand – beleuchten.

Eine wirklich neue Wirtschaftskultur, die ihre Exzesse beherrscht und von innen heraus frühzeitig gegensteuert, wird das allerdings noch nicht. Dazu braucht es konsequentere Vorgaben von staatlicher Seite. Erst damit entsteht das, was ich eine werte*regulierte* Marktwirtschaft nenne. Nur sie kann die Exzesse des Kapitalismus wirklich zähmen – das ist das Versprechen des zweiten Teils dieses Buches. In dieser Phase geht es nicht mehr um die Zertifikate einzelner Unternehmen und Gruppen, sondern um konsequent branchenweite Ordnung. Sie ist nur erreichbar durch die Einbeziehung der Wirtschaftsverbände und der Berufs- und Wirtschaftskammern in diese Ordnungspflicht – also weg von deren täglichem Lobbyismus hin zur Teilhabe an der Durchsetzung nachhaltig verantwortungsvollen Wirtschaftens. Es geht um einen fundamentalen Kulturwandel der Wirtschaftsverbände und der Lobbystrukturen der Wirtschaft – weg von Gier und Egoismus hin zu Eigenverantwortung der Wirtschaftssektoren für Anstand und Fairness: ein vom Gesetzgeber begleitetes Zurück zum Ursprungsgedanken der Regeln des »ehrbaren Kaufmanns« der Hanse und der Zünfte.

Ich hoffe, das Buch gibt Anregungen dem am »ehrbar« fairen Wirtschaften interessierten Leser, der Verbandsszene der Wirtschaft, der Politik und vor allem den vielen werteorientierten NGOs, die täglich für mehr Werteorientierung von Politik und Wirtschaft kämpfen.

Vorwort zur überarbeiteten Neuauflage

Ärgerlich klickte ich YouTube weg. Es war die Rede der Grünen-Politikerin Renate Künast, die im Bundestag über die Lücken im Gesetz zur CSR-Berichtspflicht gewettert hatte. Sie beklagte sich darüber, dass große Aktiengesellschaften künftig im Rahmen der »Corporate Social Responsibility« (CSR), also der Verantwortung der Unternehmen für eine »nachhaltig«, ökosozial funktionierende Wirtschaft, in ihren Jahresberichten »berichten« sollten, dies aber ohne inhaltliche Pflichten, ohne genauere Leitlinie.

Heute bezeichnen wir »CSR« vereinfacht als die Unternehmensverantwortung für Nachhaltigkeit – abgeleitet aus der Försterregel, einen Wald generationenüberschreitend zu pflegen. Hätte der Gesetzgeber diesen Ausdruck gewählt, wären die Medien aufmerksam gewesen. Als CSR anonym langweilig bezeichnet aber, konnte sich der Gesetzgebungsvorgang verstecken. Denn das Gesetz ist ein fauler Kompromiss, nichts weiter als das minimale Zugeständnis der Wirtschaft im Kampf der EU-Kommission gegen die in diesem Buch beschriebene oft verantwortungslose Gesamtsituation der Märkte – und gegen eine wichtige Komponente ihrer Nachhaltigkeitsstrategie. Mit diesem dünnen Rest der ursprünglichen Absicht der Kommission wird der Wandel zu einer moderateren, weniger gierigen Marktwirtschaft erneut verschoben.

Schon lange ist klar: Wenn unsere Marktwirtschaft nicht lernt, ihre Schwächen und Exzesse zu beherrschen, wird der Druck auf die politische Klasse und auf unser Wirtschaftsmodell kontinuierlich steigen. Klimawandel, Ausbeutung der Schwellenländer, Ressourcenverbrauch, rücksichtsloses Ausspionieren und Brainwashing der Verbraucher, Übervorteilung und Fehlleitung der Jugend sind einige Beispiele aus der langen Liste der Schwachpunkte.

Es war vorherzusehen, dass die oft brutal unfaire Marktwirtschaft weite Teile der Bürgerschaft und der Zivilgesellschaft gegen sich aufbringen würde und auch in Teilen der islamischen Welt Ablehnung bis hin zum Terror fördert. Der Islamismus richtet sich nicht nur gegen andere Religionen, sondern auch gegen unsere Art des Wirtschaftens, gegen unseren Energiehunger und die kapitalistischen Exzesse. Zu oft ist es der gierige, zu selten der in eine werteorientierte Branche eingeordnete »ehrbare« Kaufmann, der das Handeln unserer Wirtschaft bestimmt.

Da sich aber die meisten von uns damit nicht wohlfühlen, trotz großer Wohlstandsversprechen, sollten wir der Werteorientierung unserer Marktwirtschaft hohe Priorität geben und nach Wegen suchen, exzessive Auswüchse des Kapitalismus zu zähmen.

Plateau 3 – der Wertekodex des ehrbaren Kaufmanns als Vorbild

Vor zehn Jahren erschien dazu im Murmann-Verlag mein Buch *Plateau 3. Werteregulierte Marktwirtschaft und Bürger-Demokratie*.

Es schlägt vor, ökosozial verantwortliches Handeln von Wirtschaftsbranchen durch einen *verpflichtenden* Ethikkodex zu sichern. Solche Selbstverpflichtungen, gleich ob für eine Unternehmergruppe oder eine ganze Branche, sind wichtige Beiträge zur Umsetzung einer ethisch hochstehenden, einer ökosozialen Marktwirtschaft. Sie entlasten den Ruf nach Gesetz und Verordnungen und bleiben flexibler für Neues.

Die Ursachen des Klimawandels sind komplex und überfordern erkennbar die dünne Decke der Fachkenntnisse der Politik. Die Selbstverpflichtung in kritischen Branchen wäre der bessere Weg, weil rascher an neue Erkenntnisse anpassbar – aber die Politik verstand ihn nicht und wählte stattdessen planwirtschaftliche Ansätze wie das EEG. Inzwischen sind ca. 80 Milliarden Euro aus den Zuschlägen unserer Stromrechnungen kassiert – ohne aber eine CO_2-Absenkung erreicht zu haben.

Die Finanzkrise wäre verhindert worden

Kurz nach dem Erscheinen von *Plateau 3* kam die Finanzkrise. Die in *Plateau 3* beschriebene werteregulierte Marktwirtschaft hätte sie verhindern, zumindest deutlich dämpfen können – und auch der Kampf gegen den Klimawandel wäre anders, erfolgreicher verlaufen. Das sind mutige Sätze, der Glaube daran erfordert weiteres Werben für diese Idee. In *BurnOut. Wie wir eine aus den Fugen geratene Wirtschaft wieder ins Lot bringen* habe ich das weiter präzisiert. Und heute gilt es, es erneut zu aktualisieren, mit neuen Beispielen und neuen Entwicklungen.

Die Bereitschaft, über das Gesetz hinaus auch seine »grüne« Seite zu zeigen, ist gewachsen. Die Werte*orientierung* der Unternehmen nahm, wie gesagt, enorm zu. Aber ein fundamentaler Kulturwandel wurde daraus (noch) nicht, wenn auch die Flut von Labels, Zertifikaten und schillernd beworbener »Versprechen« enorm anstieg. Ein großer Fortschritt, aber die Politik weigert sich bislang, die Wirtschaftssektoren zu verpflichten und durch bindende »Selbstregulierungen« intern für Ordnung zu sorgen. Das geht, wie ich zeigen werde, aber gesetzlicher Druck ist Voraussetzung für eine – wie ich es nenne – werte*regulierte* Marktwirtschaft. Wenn Sie dieses Buch lesen, werden Sie mir vielleicht recht geben: Oberflächliche Werteorientierung genügt nicht, es muss um *Pflichten* gehen, um branchenweit verpflichtende Wertevorgaben. Nur eine so erweiterte marktwirtschaftliche Ordnung ist in der Lage, den Kapitalismus zu zähmen.

Die Finanzkrise mit ihren Exzessen der Gier zeigte, dass ein »Burn-Out«, ein Kollaps des Kapitalismus, eintreten kann. Gerade diese Krise macht deutlich: Wir brauchen eine gemäßigtere, eine ausgewogenere Form der Marktwirtschaft. Eine, die neben der Gewinnmaximierung auch die Verantwortung für das Wohlergehen der Gesellschaft als Ganzes akzeptiert.

Einen so veränderten, einen auch von innen heraus steuernden Umgang der Wirtschaft mit ihren aktuellen großen Herausforderungen zu erreichen, das ist der Inhalt dieses Buches sowie seines Vorgängers *BurnOut*. Es geht um ökosoziales Handeln der Wirtschaft über das Gesetz hinaus.

Die EU-Kommission verabschiedet eine Nachhaltigkeitsstrategie

Nicht nur die Gesetze, auch die kulturelle Orientierung muss eben stimmen – und die kommt nicht von selbst, auch sie will erkämpft sein. Das zu unterstützen war das Ziel der Nachhaltigkeitsstrategie der EU-Kommission. Die EU-Kommission nahm, auch angeregt durch Bücher wie *BurnOut*, das Konzept der werteregulierten Marktwirtschaft in ihre CSR-Strategie auf, nannte es »selbst- und Ko-Regulierung von Wirtschaftssektoren« und wollte damit der Wirtschaft einen einfacheren, von ihr selbst bestimmten Weg der CSR-Umsetzung ebnen.[1]

Die Wirtschaft aber lehnte eine eigenverantwortliche Beschränkung ihrer Freiheiten ab. Gier ist Pflicht und mehr nicht – und Freiheit ist die Basis für maximale Gewinne. Das ist bis heute die Vorgabe des Aktiengesetzes und oberstes Gebot für Vorstände und viele selbstständige Unternehmer, und so predigen die Wirtschaftsverbände und deren Lobbyisten immer noch von der unbegrenzten Freiheit als dem besten »Garanten des Wohlstands«.

Nur: Würde die Freiheit der Märkte für maßvolles Wirtschaften sorgen, gäbe es keinen Klimawandel. Seit der nun schon lange zurückliegenden Deklaration von Rio weiß eigentlich jeder, was notwendig ist. So überrascht es nicht, dass manche Unternehmer und weite Teile der Öffentlichkeit dann doch schon weiter sind und eine ökosoziale Balance unserer Marktwirtschaft wollen – und das weltweit. Aber tolle Vorbilder und Einzelbeispiele genügen nicht allein, das Gesamtverhalten der Wirtschaft muss sich ändern.

Geblieben ist die CSR-Berichtspflicht als Gesetz

Nach dem Erscheinen von *BurnOut* und dem Erfolg der Übernahme des Konzepts in die EU-CSR-Strategie 2014 kam dann der erwähnte

Vorwort zur überarbeiteten Neuauflage

hartnäckige Widerstand der Wirtschaftsverbände. Da diese das von der EU vorgeschlagene Instrument der freiwilligen Werteregulierung nicht akzeptierten, einigte man sich schließlich auf die Vorgabe, die Umsetzung unverbindlich zu halten, es aber wenigstens in die Berichtspflichten der großen Aktiengesellschaften mit aufzunehmen. Immerhin ein Teilerfolg, da es das Nachdenken in der Wirtschaft anstößt und die Idee verpflichtender Regeln über das Gesetz hinaus in Diskussion hält. Allerdings, statt Selbstverpflichtungen aus der Wirtschaft muss die EU unverändert in vielen Problembereichen nachhaltiges Handeln per Gesetz und Verordnung durchsetzen. Die Chance von Selbstregulierung statt staatlicher Vorgaben bleibt ungenutzt.

Die politische Halskette, die der Wirtschaft nun umgehängt ist, ist zwar praxisferner, bürokratischer, aber auch sie greift als verändernde Leitlinie und wird zügig enger. Scharfe Bestimmungen beispielsweise für den Automobilsektor oder die Finanzwirtschaft sind die Folge. Ohne die EU-Vorgabe zur CO_2-Reduzierung und ohne den VW-Dieselskandal würde die deutsche Automobilindustrie heute noch Dieselautos propagieren, mit all dem gesundheitsschädlichen Feinstaub, dem unverminderten Stickoxid- und CO_2-Ausstoß. Die Abgasregeln der EU aber erzwingen nun einen staatlich kontrollierten Umbau.

Die Wirtschaftsverbände hätten es einfacher haben können. Statt der Möglichkeit, sich selbst Regeln für zentrale Verantwortungsbereiche zu setzen, haben sie die Idee der werteregulierten Marktwirtschaft zu einer »Berichtspflicht« verdünnt, und das so unverbindlich, dass Lücken kaum zu erkennen und kritische Quervergleiche nicht möglich sind.[2] Das aber sind Grundvoraussetzungen für kritisches Hinterfragen durch die NGOs und die Medien. Gerade sie sind in diesen weicheren Bereichen verantwortungsvoller Geschäftsführung primärer Wächter, nicht Staatsanwälte und Gerichte.

Die Wirtschaft zum Berichteschreiben zu verpflichten, das war jedenfalls weder die Absicht der CSR-Strategie der EU-Kommission noch die dieses Buches. Die Absicht war, um es zu wiederholen, die Exzesse des Kapitalismus durch eine nach definierten Regeln der

Nachhaltigkeit agierende Marktwirtschaft zu überwinden. Durch eine nicht nur sozial, sondern auch ökologisch verantwortungsvoll handelnde Marktwirtschaft. Diese Verantwortung wird von der aktuellen Marktwirtschaft unverändert nur lückenhaft wahrgenommen.

Die Welt bewegt sich

Mit dem CSR-Berichtsgesetz allein können wir uns deshalb nicht zufriedengeben, dieses Buch zielt auf ein besseres Konzept. Dieses wirkungslose Gesetz gibt deshalb Anlass, das Modell einer werteregulierten Marktwirtschaft erneut zu diskutieren, ergänzt aber um weitere neueste Entwicklungen. Wo notwendig, wurden Kapitel von *BurnOut* entsprechend überarbeitet, aussagekräftigere Zwischentitel vereinfachen das Lesen, und in einem Prolog vorneweg wird bei jedem Kapitel auf neueste Entwicklungen hingewiesen.

Neue wissenschaftliche Erkenntnisse sind hinzugekommen. Das Selbstbewusstsein der Zivilgesellschaft ist gewachsen, und es gibt eine rasch steigende Zahl von Beiträgen von Unternehmern und Firmengruppen auf dem Weg hin zu einer wirklich ökosozialen Marktwirtschaft. Die Werteorientierung der Marktwirtschaft hat bei uns unverkennbar zugenommen. Global gesehen aber, bestimmt die rücksichtslose Kultur des Neoliberalismus weiter das wirtschaftliche Handeln.

Die erwähnte gesetzliche Berichtspflicht ist also ein Zwischenschritt, sie bringt keine neue Kultur. Die brauchen wir unverändert im Umgang mit dem Klimawandel und Ressourcenschonung, als Vorbeugung gegen die nächste Finanzkrise und auch im Umgang der Wirtschaft mit der Globalisierung – einer der Ursachen der Arm-Reich-Schere und der Flüchtlingsströme. Nach dem Amtsantritt von Donald Trump wurde noch deutlicher, dass wir uns dabei kulturell zur USA wohl abgrenzen müssen. Dort gibt man weder dem Klimawandel noch der Verantwortung im Finanzbereich sonderlich Raum. Das Kapitel »Protektionismus, ja sicher!« ist erschreckend aktuell. Denn die Gefahr eines Übergreifens solcher Rückschritte auf Europa ist bei der heutigen Wirtschaftsverflechtung unübersehbar. Zu viele Unternehmen würden den Gedanken an verpflichtende Sozialverantwortung, also eben CSR, gerne einfach verdrängen durch ein bisschen »grün«, durch ein »weiter wie bisher«. Das CSR-Berichtsgesetz zwingt aber wenigstens die bisher einbezogenen Unternehmen zum Nachdenken. Und die EU-Kommission will 2018 die Wirkung der bisherigen Maßnahmen überprüfen. Das spornt an.

Der Kampf geht weiter

Was wir brauchen, ist eine Systemveränderung hin zu mehr von innen überwachtem »Anstand« in der Wirtschaft. Die Regeln ökosozial verantwortlichen Verhaltens sollten nicht nur durch Gesetze aufgezwungen werden, sondern durch die Wirtschaftssektoren teils selbst organisiert werden – als Pflicht *aller* Wirtschaftssektoren. Flächendeckende, vom Gesetzgeber verlangte Selbstverpflichtung ist letztlich der Schlüssel zu einer werte*regulierten* und vom Gesetzgeber weniger bevormundeten Marktwirtschaft. Obwohl es um Selbstverpflichtung geht, muss dazu auch der Politiker das Potenzial verstehen. Er muss den Wertekodex zur Pflicht machen, definieren muss er ihn nicht. Das können andere besser, wie, beschreibt dieses Buch. Es zeigt den Weg und an Beispielen, wie definierter »Anstand« als Regel einer *werteregulierenden Selbstverwaltung* von Wirtschaftssektoren eine neue, nachhaltigere Kultur schafft.

Zum klassischen Gesetz ist dabei der entscheidende Unterschied, dass solches »soft law«, solch weichere Gesetzgebung, durch branchenspezifischen Wertekodex mehr auf zivilgesellschaftlichen Dialog baut, sowohl in der Definition wie auch in der Überwachung. Es entsteht eine partizipative Steuerung der Märkte, über das reine Kundenverhalten hinaus.

Liberalismus – zeitgemäß definiert

Das Verständnis erleichternd ist, dass die Idee der werteregulierten Marktwirtschaft Rückenwind erhält durch das Modell eines zeitgemäßen Liberalismus, wie u. a. von Lisa Herzog, Professorin an der Hochschule für Politik der Technischen Universität München, kürzlich in ihrem Buch über die Freiheit beschrieben.[3]

Sie zeigt, wie sehr die alte Idee des Neoliberalismus vereinfacht hat und sich über viele Probleme hinweggmogelte, während die globale Vernetzung in Produktion, IT, Transport, Reise und Tourismus heute komplexeres Denken bedingt und in einer sozial orientierten Realität Regeln und auch Grenzen des Wachstums anerkannt werden müssen. Die »regelnde Hand des Marktes« allein genügt längst nicht mehr, vielmehr muss dieser Glaube ersetzt werden durch einen neuen ethischen Standard der Freiheit, der auch Regelwerke akzeptiert und Freiheiten hinterfragt. Der Neoliberalismus nach Adam Smith ist überholt, ist zu eng geworden.

Mit den *Kapiteln II* und *III* zum Wertekodex und einer beginnenden werteorientierten Marktwirtschaft hoffe ich, die Berufs- und Wirtschaftskammern und die Wirtschaftsverbände wachzurütteln, damit sie positiven Branchenbeispielen folgen und, beginnend bei den großen Problemsektoren der Wirtschaft, Verhaltenskodizes einführen. Eine beachtliche Zahl von Unternehmensgruppen hat sich bereits mit einem gemeinsamen Ethikkodex und einem als Zertifikat oder Label sichtbaren Verhaltensversprechen zusammengeschlossen, aber mit Blick auf das Ganze eher ungeordnet, ohne Qualitätskontrolle und ohne Allgemeingültigkeit. Diese Kapitel sind ein Muss für alle Berufs- und Wirtschaftskammern, für Wirtschaftsverbände und auch für die Unternehmer, denen der Ruf ihrer Branche am Herzen liegt und die schwarze Schafe ausgrenzen wollen. Und es gibt Anregung für all die NGOs, die für eine ökosozial verpflichtende Marktwirtschaft kämpfen.

Berufspolitiker – unser Schicksal

Die politische Begleitung dieses Weges blieb, wie gesagt, schwach, zu schwach. Im Prolog das *Kapitels IV*, das sich mit dieser politischen Begleitung des Marktwandels beschäftigt, komme ich deshalb nicht

Vorwort zur überarbeiteten Neuauflage

umhin, ein vernichtendes Urteil über die etablierten Parteien und deren Abhängigkeit von der Wirtschaft zu fällen. Das gilt vor allem für die Regierungen der Nationalstaaten, die immer wieder gute Vorgaben der EU-Kommission beliebig verdünnen. Weniger Wirtschaftseinfluss auf die Meinungsbildung der politischen Klasse scheint mir deshalb unumgänglich und stattdessen mehr Dialog mit fachkundigen NGOs und Bürgergruppen.[4]

Kapitel IV empfiehlt sich deshalb für alle Mandatsträger der Politik. Der mickrige Überrest der CSR-Strategie der EU-Kommission als «Berichtspflicht» sollte allen eine Mahnung sein, sich vom einseitigen Lobbyeinfluss zu lösen. Denn während die Bürger mehr und mehr die Handlungsnotwendigkeit zu den großen Problemen unserer Marktwirtschaft akzeptieren, igelt sich die politische Klasse ein in Blockade, Aktionismus und Zerstrittenheit. Der Grund liegt wohl darin, dass in dieser komplexen Zeit nur der Berufspolitiker bestehen kann, der aber zu oft nur kurzfristig, mutlos denkt, wirtschaftlich nicht allzu erfahren ist und von starken Lobbyorganisationen der Wirtschaft beraten wird.

Aber die apathische Haltung der Politik zu CSR kann das nicht entschuldigen, denn das, was sich *geändert* hat, ist das total veränderte öffentliche Bewusstsein für – wie es heute meist genannt wird – »Nachhaltigkeit«, also ein Gefühl für die Verantwortung, auch den nächsten Generationen einen so lebenswerten Globus zu hinterlassen, wie wir ihn vorgefunden haben. Sich dem zu stellen findet heute große Bereitschaft. Nur die Politik folgt dem nicht! Sie bleibt handlungsschwach und zerstritten.

Der Klimawandel in *Kapitel V* war und ist eine der Nagelproben. Er war, als vor zehn Jahren das Buch *Plateau 3* geschrieben wurde, noch eine These, ein Risiko, aber er war noch beherrschbar. Aber die Wirtschaft tat nichts dagegen, und die politischen Maßnahmen waren wirkungslos. Wie schon in der letzten Ausgabe von *BurnOut* vorhergesagt, besaßen weder das deutsche EEG noch die europäischen CO_2-Emissionszertifikate eine Chance auf tatsächliche Wirkung. Der Klimawandel ist in seinen Ursachen zu komplex, um für die dünne

Decke der Fachkenntnisse der Politik geeignet zu sein. Auch wenn aus Sorgen Gewissheit wird.

Nur wenige werden sich an einen Tag von enormer historischer Bedeutung erinnern, an den 2. November 2014, an dem der *Welt-klimarat IPCC* in seinem 5. Sachstandsbericht die Beschleunigung des Klimawandels durch uns und unsere Technologien als bewiesen erklärte und einen dramatischen Appell an die Politiker und Unternehmer der Welt richtete.[5] Ein Appell, der noch beim ein Jahr später folgenden Klimagipfel in Paris nachhallte und bewirkte, dass 190 Nationen die Klimaveränderung als globale Gefahr anerkannten und Handlungsbereitschaft, ja Handlungswillen gelobten – und dies ein Jahr später in Marrakesch noch einmal konkretisierten.

Noch wissen wir nicht, ob dieser Bericht des Weltklimarats der *Wake-up Call* war, der eigentlich schon mit der Deklaration von Rio 25 Jahre früher hätte gehört werden müssen,[6] und inwieweit die Beschlüsse von Paris und Marrakesch umgesetzt werden. Schon damals in Rio waren all die Gefahren der globalen Ressourcenbelastung und insbesondere die CO_2-Belastung der Atmosphäre als erhebliche Risiken bekannt. Damals war die beste Zeit zu handeln. Es folgte zwar mancher politische Aktionismus, aber für kritische Augen war offensichtlich, dass Ideen wie Emissionshandel oder das planwirtschaftlich aufgesetzte deutsche EEG nicht geeignet waren, eine wirkliche Wende herbeizuführen. Weder die Vernunft der Märkte noch diese Maßnahmen griffen, wie übrigens vorhergesagt in *Plateau 3*.

Im Prolog des Kapitels V geht es darum, diese Denkfehler des EEG-Gesetzes aufzuzeigen und Hinweise zu geben, wie es nun weitergehen könnte. Dieser für jede Planwirtschaft typische Fehlgriff wird den deutschen Verbraucher in diesem Jahrzehnt 200 Milliarden Euro kosten, ohne durchgreifende Wirkung bei der CO_2-Senkung. Und auch mit Blick auf den Abgasskandal der Automobilindustrie kann ich mir nicht verkneifen, dass dieser durch einen guten Ethikkodex der Industrie mit entsprechendem Frühwarnsystem und zivilgesellschaftlicher Beobachtung hätte vermieden werden können. Unverändert ist der Umgang der Politik mit dem Klimawandel ohne Herz und Verstand – eine ständig wachsende Generationenschuld.

Auch die Fortschritte im Finanzbereich – *Kapitel VI* – sind ernüchternd. Die Politik schuf nur schwache Regeln, ließ die Gauner laufen. Und die Regierung Trump setzt noch eins drauf und nahm die zu schwachen neuen Regeln fast ersatzlos zurück! So wird uns die nächste Finanzkrise wieder ungeschwächt erreichen. Griffige Regeln zu schaffen ist eben dann besonders schwer, wenn es unmittelbar ums Geld geht. Allzu oft ist die Politik, aber auch der Markt insgesamt daran schon gescheitert.

Das Modell eines verpflichtend werteregulierten Banken- und Finanzsektors wäre gerade hier Erfolg versprechend. Hätte es schon vor der Finanzkrise existiert, wäre es nicht zu dieser Krise gekommen, zumindest nicht in diesem kriminellen Ausmaß. Das ist ein starker Satz, aber sie werden nach der Lektüre des Kapitel VI wohl nicht widersprechen. Die Bankenbranche hat zwar auch ihre eigenen Verhaltensleitlinien verschärft, aber primär im Risikobereich und nicht in ihren ethischen Leitlinien. Und die neuen Regeln sind eben nicht für alle verpflichtend. Der graue Sektor, der völlig regelfreie, wächst gierig unaufhaltsam.

Zu Governance, der Führung durch Mandatsträger der Politik und Wirtschaft

Die Durchsetzung ethischer Grundregeln hängt letztlich von den führenden Personen in Politik und Wirtschaft ab und oft schlicht von deren Mut. Will man das Prinzip der Selbstüberwachung von Branchen flächendeckend umsetzen, muss sich die Entschlossenheit der führenden Persönlichkeiten mit dem politischen Willen verbinden.

Der Blickwinkel auf das Thema Governance in *Kapitel VII* wird diese scheinbar so schwer zu realisierende Trivialität nochmals unterstreichen. Der starke Lobbyeinfluss der Wirtschaft auf die Politik braucht ein Gegengewicht als Voraussetzung für ein höheres, ein neues Niveau der Werteorientierung. Deshalb habe ich den Themen Dialog und Mitbestimmung breiten Raum gegeben, die Zivilgesellschaft ist die neue Kraft konsequenter Werteorientierung gegen die Wirtschaftsabhängigkeit unserer Politiker. In Konsequenz erfordert das auch Instrumente der sogenannten direkten Demokratie. Partizipation ist der große Schlüssel. Doch obwohl schon lange von einer Mehrheit der Bürger gefordert, sind hier Fortschritte nicht erkennbar. Die Politik verharrt so in ihrer »repräsentativ« regierenden Rolle, obwohl ein Großteil der Bürger längst mehr Partizipation und als Teil davon eine gemäßigtere, weniger von den Wirtschaftsmächten abhängige Marktwirtschaft fordert. Dieser Wandel geht viel zu langsam, ja eigentlich treten wir auf der Stelle.

Das ist *die Wut*, die mich treibt, mein Modell einer werte*regulierten* Marktwirtschaft in neuer Auflage weiter zu vertiefen.
Ich glaube an die enorme Wohlstandskraft der Marktwirtschaft, aber nur, wenn es gelingt, global ein faires Miteinander zu schaffen und »nachhaltiges« Wirtschaften als die dominante Marktkultur durchzusetzen. Wie das gehen könnte, zeigt dieses Buch.

Peter H. Grassmann, März 2017

AUFTAKT

Der Impuls

Es war einer der Momente, in denen man sich schlecht fühlt. Ich war gerade aus der Tür meines Hotelzimmers in Buenos Aires getreten und starrte in den Lauf eines Maschinengewehrs. Vergessen hatte ich, dass man mich beim Einchecken informiert hatte über die Sicherheitsvorkehrungen auf jedem Flur dieses zehnstöckigen Sheraton-Hotels, das zum Mischkonzern ITT gehörte. Dessen Telekommunikationsfirma war hier in Argentinien gerade in einen großen Bestechungsskandal verwickelt. Die südamerikanischen Revolutionäre, die gefürchteten »Montoneros«, hatten dem Hotel mit einem Überfall gedroht, genau während eines Weltkongresses der Kardiologie – eine ideale Gelegenheit, um weltweit auf die argentinischen Geschäftssitten aufmerksam zu machen.

Ich konnte die Wut verstehen. Als Mitglied des Vorstands der Siemens-Medizintechnik war ich international reichlich unterwegs. Beim Zwischenstopp in Miami waren mir wieder die großen Bankbauten aufgefallen, die gierig die Bestechungsgelder Lateinamerikas aufsaugten – ohne Rücksicht auf die verheerende soziale Wirkung und die Entwicklungsfähigkeit des Ursprungslandes. Und am Vormittag hatten mir die Vorstandskollegen vom Telekommunikationsbereich bei einer firmeninternen Informationstour ihre hiesige Fabrik gezeigt, in der einige tausend Mitarbeiter Vermittlungsanlagen für das argentinische Telefonnetz fertigten. Da konnte man die Armut der Arbeiter fühlen, sie sprach aus jedem Gesicht, aus der Kleidung, der Körperhaltung, aus den ängstlich fragenden Augen. Sozial vertretbare Verhältnisse lagen hier in Argentinien noch in weiter Ferne, die Arm-Reich-Schere war weit offen, und die Villen der Oberschicht waren entsprechend bewacht und befestigt.

Das war Ende der Siebzigerjahre gewesen und für mich Grund genug, mich über die Erfolglosigkeit der Marktwirtschaft in fast allen Schwellenländern zu ärgern. Es war offensichtlich: Unsere Marktwirtschaft war zu Hause stolz und leistungsfähig, aber in den Schwellenländern funktionierte sie nicht. Die notwendige ordnende Hand war zu schwach, die unsichtbare Hand des Marktes genügte keineswegs. Nicht Unternehmertum, Aufbau, Investition und Beschäftigung bestimmten das Wirtschaftsleben, sondern Korruption und Kapitalexport, die Hauptursachen für den immer wiederkehrenden Kollaps des Systems. Auch wir als Importeure großer medizintechnischer Anlagen mussten das akzeptieren. Wer nicht mitmachte, konnte seine Vertretung schließen. Ohne Korruption war im öffentlichen Sektor kein Geschäft zu machen. Es gab genügend andere Firmen aus den USA, Europa und Japan, die nur darauf warteten, die »nützlichen Abgaben« für den Zuschlag bei großen Aufträgen zu entrichten. Korruption war als Landessitte akzeptiert, zu Hause von den Finanzämtern anerkannt und durch ein weltweites Netz bereitwilligster Geldwäsche und Anonymität geschützt. Dabei handelte es sich keineswegs um ein Problem einzelner Firmen oder Behörden, es war ein Systemproblem freier Märkte in einem schwachen politischen Umfeld.

Der Blick auf die Maschinenpistole des Wachmanns hatte mir den Kontrast wieder so richtig bewusst gemacht. Ich gehörte zu denen, die man vor der Wut der Benachteiligten schützen musste, die keine Antworten hatten auf deren Probleme. Gab es wirklich keine? Ein Staat allein konnte die Antworten ganz offensichtlich nicht geben, trotz immer wiederkehrender Lippenbekenntnisse. Hier war die internationale Staatengemeinschaft gefordert, aber die Mehrheit überging die moralische Schräglage mit einem Achselzucken und sah eher die materiellen Vorteile. Sie war es ja gerade, die zu Schwarzgeld und Korruption, zu prosperierenden Steuerparadiesen, Nummernkonten und lautstark geschützten Bankgeheimnissen anfeuerten – immer unter Berufung auf »freie Märkte«, Freiheit des Kapitalverkehrs und Schutz des Individuums. Nein, von der Politik, auch der internationalen, würde die Antwort nicht kommen, ihre Schwäche war Teil des Systemdefizits dieser »Freiheiten«. Es bedurfte anderer Antworten, stärker von innen heraus, aus den Märkten selbst kommend – und aus einem globalen Verständnis für Recht und Unrecht. Gab es das, oder waren wir auf Dauer dazu verurteilt, zwischen solchen Spannungsfeldern und Wertedefiziten zu verharren?

Mit wachsender Skepsis beobachtete ich die Marktwirtschaft. Die internationale Korruption war keineswegs das einzige Wertedefizit »freier Märkte«. Sie waren zahlreich. Fehlender globaler Ausgleich, Sklaven- und Kinderarbeit, Umweltskandale, soziale Verarmung – die Marktwirtschaft leistete sich in ihrer neuen globalen Freiheit eine Menge, was unter Wertegesichtspunkten eigentlich nicht sein durfte, was gesellschaftlich inakzeptable Folgen hatte. Ganz zu schweigen von den immer wiederkehrenden Exzessen der Finanzwirtschaft, die alle paar Jahre eine neue Blase platzen ließ, aber immer gut daran zu verdienen schien.

Diese Dominanz des Materiellen, diese Jagd nach Boni, Wachstum und wirtschaftlichem Erfolg, kombiniert mit dem Hang zu Verschwendung und übermäßigem Konsum, war mir als Wesenszug der amerikanischen Wirtschaft aus meinen Studienjahren in Boston, USA, noch gut in Erinnerung; nun breitete er sich rasch weltweit als verherrlichter und anzustrebender Lebensstil aus. Ein Traumziel war das in meinen Augen nicht, zu wenig konnte diese Kultur ihre tief greifende ökosoziale Unausgewogenheit verbergen. Aber diese Schwäche schien man bereitwillig zu ignorieren.

Die Systemfrage

Bei allem Wissen um die Stärken marktwirtschaftlicher Freiheit, da war zu viel, was schieflief, was stärker ordnender Antworten bedurfte. Vernunft, Angebot und Nachfrage allein glichen eben nicht immer rechtzeitig und vor allem nicht vorbeugend die großen Defizite aus und verhinderten auch nicht die globalen und langfristig gefährlichen Fehlentwicklungen. Die Politik, primär gefordert, hatte offenbar

– gleich ob national oder international – keine ausreichend ordnende Hand. Angesichts dieser Situation stand für mich immer stärker die Systemfrage im Raum, eine tiefer gehende Diskussion war nötig. Und präzises Hinterfragen. War die zunehmende Liberalisierung der internationalen Märkte der falsche Weg? Hatte sich der Neoliberalismus verrannt, war er ohne einen international besser funktionierenden Ordnungsrahmen nicht zukunftsfähig? War eine eindeutige Antwort auf diese Fragen bei den enorm divergierenden Interessen der internationalen Staatengemeinschaft überhaupt denkbar?

Denn Gemeinschaftssinn war in unserem Wirtschaftsleben einfach nicht eingebaut. Es herrschten Hauen und Stechen, Kampf um Umsätze und globale Kostenvorteile, rücksichtsloser Umgang mit Ressourcen und Umwelt und grenzwertiges Sozialverhalten – immer so weit, bis Gesetze griffen. Nur reichten die offensichtlich nicht weit genug.

Mit wachsender Führungsverantwortung wurde ich zunehmend nachdenklich, ich fühlte, dass ich einem fehlerhaften, einem ethisch zu schwachen System diente. Immer deutlicher sah ich die Schwächen, dachte auch darüber nach, wie man Abhilfe schaffen konnte, aber ich war als Einzelner ziemlich machtlos, es waren weltweite Systemprobleme in einer wertearmen Zeit. Und den Mut, aus Gedankenspielen ein Konzept zu machen – und damit einen Widerspruch zum üblichen Wirtschaftssystem zu veröffentlichen –, hatte ich damals nicht. Zu klar waren die beruflichen Nachteile, denn man würde mir nicht verzeihen, solche »Nebentätigkeiten« waren verpönt, waren Sache der Moralisten. So blieben die Gedankenspiele in der Schublade.

Dann kam die heute schon fast vergessene Konferenz von Rio. Sie endlich war ein Aufruf zu mehr Gemeinschaftssinn, globalem Ausgleich und Ressourcenschonung, zu langfristigem Denken und Verantwortung für die nächste Generation. Das gab Hoffnung … Nur: Der so gut und umfassend formulierte Aufruf wurde danach zwar oft zitiert, aber seine Kernbotschaft verhallte im Grunde ungehört, zog kaum spürbare Änderungen nach sich. Fünf Jahre später traf sich die Staatengemeinschaft in Kyoto wieder, diskutierte aber primär nur, wie die CO_2-Verschmutzung der Atmosphäre durch Emissionsabgaben einzubremsen sei, den ursprünglichen Aufruf zu einer gesellschaftlichen Umstellung und mehr Gemeinschaftssinn völlig vergessend. Mit Kopfschütteln beobachtete ich dieses unsichere Suchen nach Konsens, das schon im Ansatz die Hilflosigkeit der Beteiligten offenbarte. Mit »Emissionshandel« war nicht einmal das Klimathema ausreichend zu lösen. Zudem blieb der Verschwendungsweltmeister USA auf Distanz, erhielten die stark wachsenden Länder China und Indien Freibriefe zur Kopie unserer Fehler und sollte der ehemalige Sowjetblock zum Nettobezieher von Emissionsgeldern werden – als Lohn für den Zusammenbruch seiner die Umwelt missachtenden Industrien. Diesem Kyoto-Protokoll haftete von vornherein der Makel der politischen Ratlosigkeit der internationalen Staatengemeinschaft an, es gab keine Antwort auf die drängenden Probleme, es fehlten die Einigkeit und die Instrumente zur Durchsetzung selbst der Minimalziele. Dabei hatten viele von uns längst verstanden, dass die Zivilisation zumindest ein völlig neues Energiekonzept brauchte. Der Ruf nach einer Übernahme der Verantwortung durch Wirtschaft und Verbraucher wurde laut und eindeutig, aber dennoch, nichts geschah. Der CO_2-Ausstoß stieg, und das Wissen um die Existenz weiterer Klimagase verstärkte bei vielen Menschen das Gefühl, auf ein Horrorszenario zuzusteuern. Der »Markt« reagierte trotzdem nicht, es fehlte das vom System kommende Korrektiv, es fehlte der Handlungsdruck.

Auch die politischen Parteien in Deutschland vermittelten eher Ratlosigkeit. Hier zeigten sich sehr deutlich die Schwächen der realen Demokratie, bei langfristigen und unbequemen Themen Akzente zu setzen und als notwendiges Korrektiv gegenüber der fehlenden Werteorientierung der Märkte und der Wirtschaft zu wirken. Nach der Konferenz von Kyoto gab es zwar viele Diskussionen, vor allem über die Haltung der USA, aber es gab keinen »Ruck«, keine wirkliche Auseinandersetzung mit Nachhaltigkeitsthemen und Werten. Man nahm die schon aus dem Rio-Aufruf hervorgegangenen Agenda-21-Initiativen unverändert und eher skeptisch als wohlwollend zur Kenntnis und kümmerte sich nur halbherzig um die Reinhaltung von Wasser und Luft. Das CO_2-Problem in seiner ganzen Dimension aber verdrängte man weiter. An mir nagte das, denn für einen Physiker war die Erderwärmung durch CO_2-Anreicherung als ein langfristiger Summeneffekt ein klares Risiko, aber jeder bemühte sich, die Gefahren herunterzuspielen – trotz dreier nachfolgender Appelle der UN-Klimawissenschaftler, des sogenannten IPCC.

Erst der vierte Bericht des IPCC wurde endlich als ein Aufschrei empfunden und ernster genommen, die Stimmung drehte. Der britische Nationalökonom Nicholas Stern nannte den Klimawandel in einer breit beachteten Studie gar »das größte Versagen des Marktes, das die Welt je gesehen hat«, aber auch er blieb eine echte Systemantwort schuldig. Immerhin, nun hatte ein international respektierter Wirtschaftskenner einmal eingestanden, dass es da ein grundsätzliches Problem gab, dass Märkte, also das Zusammenspiel von Angebot und Nachfrage, von Anbieter und Kunden, in großem Stil versagen können. Kurz: dass es ein fundamentales Systemproblem gab.

Ich war übrigens froh, dass er von »Märkten« sprach und nicht von Marktwirtschaft. Denn wir als Verbraucher tun ja gerne so, als ob die Verfehlungen nur aus der »Marktwirtschaft« kämen, und meinen damit die Angebotsseite, die Wirtschaft und deren Manager. Aber das ist zu einfach. Für den Marktwirtschaftler liegt die große Macht beim Kunden, nur von ihm kommt das Geld. Der »Kunde« ist der Markt, und der hat das Sagen. Was zwangsläufig bedeutet, dass man versucht, Kaufverhalten und Meinungen zu manipulieren. Aber eine Garantie, dass das gelingt, gibt es nicht. Schlägt die Manipulation fehl – und das ist bei neun von zehn Marketingkampagnen der Fall –, dann nennt man das einen Flop, der aber nichts ändert, sondern nur die nächste Werbekampagne auslöst. Das ist der Kreislauf des immerwährenden Spiels um Marktanteil, Umsatz, gute Preise und am Ende Gewinn.

Der Unternehmer erzeugt mit psychologischem Geschick Kaufmotivation, schafft Summeneffekte und mit ihnen Marktstärke. Der Kunde dagegen ist Individualist und merkt oft gar nicht, wie sehr er verführt wird und wie »unvernünftig« er handelt. Um dieses Kräfteverhältnis in der Praxis umzukehren, müssten wir eigentlich nur alle Kunden »ändern« – in vielen Büchern beschrieben, wohl aber eine eher theoretische Lösung, wenn auch eine verlockende. Denn dass über Nacht alle »vernünftig« werden, ist eine Illusion, Einsicht ja, aber Umstellung? Dabei wäre gerade der einsetzende Klimawandel eine Möglichkeit, bei der der Kunde durch seine Kaufentscheidung viel mehr Akzente setzen, ja eine echte Trendwende erreichen könnte. Die Macht liegt bei ihm, aber die »Vernunft« müsste aktiv gebündelt und koordiniert werden. Kein besonders realistisches Szenario. Immerhin, ein Bewusstseinswandel wird langsam spürbar. Die Autoindustrie merkte schmerzlich, dass es den Kunden verstärkt um verbrauchsarme und umweltfreundliche Antriebssysteme geht statt um immer größere Karossen. Hier hat die Macht des Marktes zu neuen Produktphilosophien geführt, zunächst mit dem sparsamen Diesel, dann mit Hybrid- und bald wohl mit Elektroantrieben. Aber wurde der Automobilkäufer tatsächlich »vernünftiger« – oder motivierte ihn nur Sparsamkeit in Zeiten des rasanten Ölpreisanstiegs? Ein überzeugender und allumfassender Sieg der »Vernunft« im Sinne von Nachhaltigkeit ist jedenfalls bis heute nicht zu verzeichnen.

Um einen solchen Sieg zu ermöglichen, müssten zwei Faktoren zusammenspielen: die Vernunft des Verbrauchers und ein besserer Ordnungsrahmen. So wie die soziale Marktwirtschaft einen Ordnungsrahmen zur sozialen Sicherheit gibt, müsste dieser zu erweitern sein auf die neuen Probleme, auf eine nachhaltige, ökosoziale Definition, ein Marktangebot, das Konsum ohne schlechtes Gewissen erlaubt. Es bedarf also einer »Systemantwort«, einer Form, deren Ordnung bedenklichen Produkten von vornherein keine Chance gibt und die unternehmerische Einseitigkeit im Zaum hält. Wobei es dabei nicht nur um Nachhaltigkeit geht, sondern generell um Werthaltigkeit auf einem höheren Niveau, um eine strengere Steuerung der Märkte, um das Vermeiden großer Entgleisungen wie die Finanzkrise.

Die Generationenfrage

Aber geht deswegen das Gespenst des Versagens einer ganzen Generation um und nötigt uns zu Gegenmaßnahmen? Ich selbst habe noch deutlich in Erinnerung, wie wir als Heranwachsende in den Nachkriegsjahren Eltern, Verwandte und Bekannte, ja einfach die Welt der »Erwachsenen« skeptisch beäugt hatten, wer denn da für den Horror des Nationalsozialismus und des Weltkriegs verantwortlich war, wie denn eine Generation trotz reichlicher Mahnungen so versagen konnte. Heute fühle ich mich in einer analogen Situation. Die Fehlentwicklungen werden die nächsten Generationen enorm belasten, Vorwürfe über Vorwürfe werden kommen, aber dennoch: Unsere Reaktionen als Verbraucher kommen zögerlich und zu schwach, die der Politik und der Wirtschaft ebenso. Das ganze System ist zu träge, die Allgemeinheit zu wenig fordernd. Man ergeht sich in Aufrufen und Appellen, aber die Beharrungskräfte der Wirtschaft und auch die Sorglosigkeit der Allgemeinheit sind bisher viel zu groß, um auf eine neue Grundhaltung umzuschwenken.

Dazu bräuchte es wesentlich mehr Tiefgang und vor allem mehr Entschlossenheit, denn ein Koloss wie unsere Marktwirtschaft reagiert so leicht nicht. Tatsächlich trieb es die global freie Wirtschaft in den letzten Jahren noch toller, im globalen Kontext wurden die Nachhaltigkeitsthemen eher verstärkt unterlaufen. Die Selbstbedienungsmentalität mancher Vorstände und Aufsichtsräte wurde zum unverschämten Exzess, und auf all das sattelte noch die Finanzbranche eine im wörtlichen Sinne so sehr Werte verachtende Produktpolitik drauf, dass die Welt erschreckt den Atem anhielt. Gerade die Finanzkrise aber hat mich noch mehr davon überzeugt, dass es anderer Regelungskräfte bedarf. Und zwar auch in Form der verstärkten Einbindung der Bürger und ihrer Zivilgesellschaft in eine systematische Mitsprache. Eine Mitbestimmung auch im Wirtschaftsgeschehen kann die Kräfte unserer Gesellschaft am besten bündeln und steuernde Eingriffe begleiten.

Es wäre ein Weg, den jeder auch mit kleinen Schritten unterstützen kann, der den Organisationen der Zivilgesellschaft[7] eine gemeinsame

Auftakt

Stimme verschafft und den die Politik mit wenigen Rahmengesetzen begleiten und zu vollem Erfolg bringen kann. Gleich also, ob Sie nur besorgt sind oder schon in einer der werteorientierten Organisationen engagiert, ob Sie Mandatsträger in der Politik oder Führungskraft der Wirtschaft sind, die Diskussion über die Lösungsansätze zur Behebung unserer Systemschwächen geht uns alle an. Das Bewusstsein, persönlich einzugreifen und die verschiedenen Gestaltungsmöglichkeiten nutzen zu können, belohnt mit dem Gefühl, die Dinge nicht einfach sich selbst überlassen zu haben. Und genau dieses Bewusstsein, auch als Einzelner etwas tun zu können, ist der erste Schritt zu einer umfassenderen Antwort: weil wir damit nicht mehr auf den Staat allein warten, sondern viel stärker auch mit unserer Kraft, der Kraft der Zivilgesellschaft, die Themen in die Hand nehmen und einen neuen Weg verstärkter Mitsprache gehen. Einen dritten Weg zwischen marktradikalem Machokapitalismus und Staatsgläubigkeit, einen Weg des gesellschaftlichen Dialogs auf höherem Niveau.

Eine böse Überraschung

Jede Kante der Betonplatten spürte man auf dieser Autobahn. Keine erneuerten Fahrbahndecken, keine Standspur, keine Leitplanken, keine Notrufsäulen und ständig diese rhythmischen Schläge wie auf alten Eisenbahnschienen. An dieser Autobahn war wohl fünfzig Jahre lang nichts gemacht worden, obwohl sie eine der Hauptstrecken Richtung Berlin war. Es herrschte kräftiger Verkehr, ich war ungeduldig, wollte zügig am Ziel sein. Es war der 3. Oktober 1990, der offizielle Tag der Wiedervereinigung Deutschlands. Ich war auf der Fahrt nach Dresden, um direkt vor Ort diesen lange ersehnten Tag mit Freunden zu feiern.

Die Stimmung dort war allerdings eher gedrückt. Ich hatte überall freudige Gesichter erwartet, aber die meisten schauten eher nachdenklich und waren schweigsam. Sie alle hatten nun neun Monate »freier« Marktwirtschaft erlebt. Angebot im Überfluss, provisorische, volksfestartige Verkaufszelte mit Waren gefüllt überall, und vor allem der Automobilhandel bot sein Möglichstes auf, um die Sehnsucht nach mehr Mobilität zu erfüllen. Die großen Fast-Food- und Supermarktketten hatten sich ebenso rasch etabliert wie die Anbieter von Elektronik, Mobilfunk und Heimwerkerbedarf. Aber schon mit dem ersten Schub der Angebote kamen die Betrügereien, die Übervorteilung und die Verführungskunst aller Marktbranchen, die die neuen Kunden ermunterten, vom Fernseher bis zum Versicherungsschutz schnell zuzugreifen. Und im Finanzbereich erlebte man eine erste Welle des Betrugs bei Anträgen und Eigentumsverschiebung, die Korruption blühte. Noch ohne ordnende Hand, schickte die freie Marktwirtschaft ihre Vorboten und ließ die Menschen überfordert zurück. Der bisherige Unrechtsstaat, der gekennzeichnet war von Funktionärsmacht, Pöstchenstreben, Bespitzelung, Warteschlangen vor leeren Regalen, Mauer und Stacheldraht, wurde über Nacht abgelöst von Marktwirtschaft in Wildwestmanier.

Wirtschaftlich gescheitert war das System der DDR an der mangelnden Freiheit, die das Funktionieren der Märkte moderner Zivilisation benötigte. Das größte wirtschaftspolitische Experiment der Menschheit, unsozialen Kapitalismus durch Abschaffung des »Kapitals« zu eliminieren, war damit gescheitert. Das sozialistische System hatte weder Versorgungssicherheit noch Lebensstandard geschaffen, es war extrem ineffizient und konnte die Anforderungen moderner Zivilisation nicht erfüllen, es brach zusammen. Das westliche System freierer Märkte hatte gewonnen und triumphierte – mit seinen Licht-, aber eben auch seinen Schattenseiten.

Rasch folgte der Freude deshalb Skepsis, die inzwischen zu reichlich Ablehnung angewachsen ist. Bei einer im Auftrag von BBC London 2009 in 27 Ländern aus Anlass der zwanzigjährigen Wiederkehr des Mauerfalls durchgeführten Studie sind nur noch elf Prozent der 30.000 Befragten der Meinung, dass der heutige Kapitalismus gut funktioniert und stärkere Regulierung nicht notwendig ist. Selbst in den USA waren nur 25 Prozent dieser Meinung. Über die Hälfte der weltweit Befragten sehen Probleme, die durch mehr Regulation und Reformen korrigiert werden sollten. Die totale Ablehnung der Marktwirtschaft ist nun auf circa ein Viertel der Befragten gestiegen mit Spitzenwerten von um die 40 Prozent in Frankreich, Mexiko und Brasilien. Die Botschaft dieser Befragung ist klar: Entweder gelingen Reformen des heutigen Neoliberalismus durch mehr Regulierung, oder der Wunsch nach dominanter Staatskontrolle kehrt zurück. Heute übrigens in Form eines neuen Populismus, der die Exzesse der Märkte als Konsequenz der Globalisierung und als die zentrale Gefahr für den Wohlstand von Otto Normalbürger darstellt und eine starke ordnende Hand verspricht, nicht mehr als sozialistische Lösung, sondern nun als nationale. Sozialismus ist out, aber Protektionismus ist wieder in. Aber nationale Handelsschranken werden die Probleme der Marktwirtschaft nicht allein lösen, die Bekämpfung der Fehlentwicklungen ist komplexer. Denn nicht die globale Wirtschaftsverflechtung ist das Problem, sie ist durch ihre Rationalisierungskraft vielmehr ein Motor des Wohlstands, sondern die fehlenden globalen Regeln der Marktsteuerung. Großräumige Marktwirtschaft bringt Effizienz, aber Regeln bringen Kultur. Und damit ist die schwierige Wechselbeziehung zwischen globaler Freiheit und Rechtsraum offensichtlich. Dass es dabei »Staat« allein nicht bringt, haben die wirtschaftlichen Misserfolge des Sozialismus ja bewiesen.

Anfangs war mir die extreme Ineffizienz des sozialistischen Systems nicht voll verständlich gewesen. Es konnte nicht nur an der Verstaatlichung der Industrie liegen. Staatseigene Betriebe gab es in den westlichen Staaten auch, zwar nicht vorbildlich effizient, aber immerhin einigermaßen funktionierend. Meine beruflichen Funktionen erlaubten mir mit der Zeit besseren Einblick. Die Konzernleitung hatte gleich nach der Wiedervereinigung entschieden, eine große Medizintechnikfabrik mit 5.000 Mitarbeitern in Dresden zu übernehmen – ein Betrieb, der den gesamten Ostblock mit Tausenden von Röntgen- und Medizintechnikanlagen versorgt hatte. Schon beim ersten Besuch wurde das größte Defizit klar: die Zentralplanung. Nicht die Kunden erteilten Aufträge, sondern die staatlichen Planungsstellen ordneten auf Jahre im Voraus an, was produziert werden musste. Damit war dem System nicht nur die Freiheit genommen, auf die Bedürfnisse des Marktes zu reagieren, auch neue Ideen hatten keinen Entwicklungsspielraum.

Ein weiteres Problem war, dass die bei uns so wichtige Zulieferindustrie nicht funktionierte. Weil die zeitgerechte Lieferung von Bauteilen für die Fertigung extrem unzuverlässig war, wurden selbst Schalter, Transformatoren und Handgriffe zur Gerätebedienung in nur kleinen Stückzahlen betriebsintern gefertigt. Bald wussten wir, dass der Stundeninhalt ostdeutscher Produkte zehnmal so hoch war wie bei vergleichbaren Westproduktionen. Entsprechend mussten Einkommen und Arbeitslöhne um Faktor zehn niedriger sein, damit die internationale Konkurrenzfähigkeit gewahrt blieb. Zugleich blockte das System jede Innovation ab, wenn sie in den Fünfjahresplänen nicht vorhergesehen war. Erstaunlich war, wie sehr dieses System dabei selbst Werte wie Umweltschutz, Arbeitssicherheit und Produktqualität völlig missachtete. All das hatte keinerlei Priorität, die Planerfüllung war die oberste Devise.

Nun aber hatte die volle Freiheit Einzug gehalten und mit ihr die glänzenden Versuchungen des Kapitalismus. Die neuen Bundesländer erlebten mit dem Umstieg aus ihrer ganz anders geordneten alten Welt des Sozialismus die Rauheit und die Systemprobleme unseres marktwirtschaftlichen Wirtschaftens fast schockartig, Abwehrreaktionen waren zwangsläufig. Zumal es kein vernünftiges Arbeitsangebot gab, da auch Westdeutschland zu diesem Zeitpunkt international längst nicht mehr konkurrenzfähig war. Das Fehlen von Aufgaben und Arbeit wurde zwar rasch durch das Sozialnetz abgefedert, die psychischen Auswirkungen des Gefühls, nicht mehr benötigt zu werden, ignorierte man. Hinzu kam, dass der Kontrast zwischen dem Überfluss an Warenangebot und den finanziellen Möglichkeiten des Normalbürgers riesig war. Am raschesten kam die Wiedervereinigung, wie es Oskar Lafontaine – damals noch SPD-Minister – einmal als Gastredner einer Siemens-Führungstagung formulierte, beim Automobil, dem ersten Statussymbol der neuen Freiheit. Aber der von vornherein skandalträchtigen Marktwirtschaft, in der man bei äußerst fragiler Chancengleichheit nur mit kräftigen Ellenbogen bestehen konnte, begegnete man ansonsten bald mit großer Skepsis.

Das Lob der Freiheit – und die Warnung der Perestroika

Treffen wie jene Führungstagung waren ideal, um im persönlichen Gespräch Grundsätzliches anzusprechen. Man traf sich auch sonst, im Beirat der Deutschen Bank oder der Allianz, im Landesverband der

Industrie, beim Stifterverband zur Förderung der Wissenschaft oder beim Neujahrsempfang des Ministerpräsidenten. Es waren die Gelegenheiten, wo man auch mal ein kritisches Wort versuchen konnte, sozusagen inoffiziell. Und manchmal tippte ich dabei Bedenken auch hinsichtlich unseres Systems bei anderen Vorstandskollegen an. Der Effekt war immer der gleiche: ein fragend mitleidiger Blick, wie auf einen Verräter, und dann: »Aber die Märkte regeln das doch. Man muss nur warten, bis sich eine Bewusstseinslage bildet. Die korrigiert dann. Wenn wirklich notwendig, dann muss der Staat regeln. Und das tut er ja reichlich. Um Gottes willen nicht noch mehr Staat, mehr Freiheit brauchen wir!«

Es war klar: Die Führungsschicht der Wirtschaft – meine Kollegen – liebten das Wort »Freiheit« und verteidigten bei jeder Gelegenheit die »freie« Marktwirtschaft als den glorreichen Fortschritt, dem alle Steigerung des Wohlstands zu verdanken sei. Und merkte nicht, dass sie dabei einem Gedankenfehler aufsaß. »Freie« Marktwirtschaft gab es nicht. Es wurde reichlich geregelt, mit Normen, Vorschriften, Zöllen und Kontrollen. Wirklich freie Märkte gab es nirgends, ein Ordnungsrahmen war immer begleitend vorhanden. Ohne ihn kollabierte das System. Aber die »Kraft« Freiheit der Marktwirtschaft war ebenso offensichtlich. Der Erfolg der westlichen Marktwirtschaft gegenüber der sozialistischen Staatswirtschaft war Fakt, der Beitrag zu Wohlstand und Lebensglück unbestreitbar. Die Marktwirtschaft erfüllte Wünsche, schuf Wohlstand, finanzierte viel soziale Sicherheit und war weltweit in den Herzen vieler das begehrte Gesellschaftsziel. Die Kraft der Freiheit überzeugte.

Reagan muss wohl auch Gorbatschow von dieser »Kraft freier Märkte« erzählt haben – oder war es nur der Blick über den Zaun, der Eindruck der ersten Besuche im Westen? Jedenfalls setzte Gorbatschow bei seiner »Perestroika«, seinem Umbau, zwar auf »Glasnost«, auf die Freiheit, aber nicht auf die Freiheit in Obhut und Ordnung, die wir meinen. Das Experiment, quasi über Nacht die »Marktwirtschaft« einzuführen ohne Anpassung des Ordnungsrahmens und nur auf die regelnde Kraft der Märkte vertrauend, bewies sofort: Volle Freiheit bereichert nur wenige, sie ist der sichere Weg zu einer Arm-Reich-Schere extremsten Ausmaßes. Diese Freiheit hilft nur der Gier, der Gier der Geschicktesten. Ohne Ordnungsrahmen ist Marktwirtschaft sozial wertlos, der gekonnte Ordnungsrahmen ist entscheidend.

Generationenübergreifendes Sozialverständnis

Die Ergänzung des Sozialen war in Deutschland der erste Schritt weg vom »reinen«, sozial kalten Kapitalismus, sozusagen der erste große Schritt zu einem komplexeren Ordnungsrahmen der Marktwirtschaft. Weder konnte der Unternehmer tun, was ihm gerade in den Sinn kam, noch blieb der in Not Geratene unversorgt. Inzwischen allerdings haftet der realen sozialen Marktwirtschaft der Makel einer zu engen Definition des sozialen Auftrags an. Sie scheint zu egoistisch, zu sehr nur auf die gegenwärtige Generation bezogen zu handeln. Unsere Staatsverschuldung und unsere fehlenden Antworten auf die langfristigen ökologischen Fragen als Leitlinie nachhaltig verantwortungsvollen Handelns sind dafür ein deutliches Zeichen. Das System ist auf Wachstum, auf immer mehr Lohn, immer mehr sozialer Fürsorge aufgebaut, ohne Rücksicht auf Gleichgewichte und langfristige Stabilität zu nehmen. Deshalb müssen wir unsere »soziale«, aber eben doch recht egoistisch kurzsichtige Marktwirtschaft auf ein höheres »Plateau«, wie ich es einmal nannte,[8] weiterentwickeln. Wir brauchen eine höhere Qualität des sozialen Verständnisses, das umfassender auf Gemeinschaftssinn, auf Generationengerechtigkeit und auf eine mehr und mehr vernetzte Weltgemeinschaft ausgerichtet ist. Die Antwort, wie nun diese nächste Entwicklungsstufe des Ordnungsrahmens einer Marktwirtschaft auszusehen hat, muss – scheint mir – aus einem neu durchdachten Spiel der Kräfte, aus einem verstärkten gesellschaftlichen Dialog kommen – und aus dem Druck, den die Gesellschaft als Ganzes ausüben kann.

Es ist unübersehbar, dass große Teile der Gesellschaft unruhig sind, mehr Respekt vor Werten, Kultur, Nachhaltigkeit und ein generationenübergreifendes Sozialverständnis fordern. Sie wollen sich ihrer Verantwortung als Gesellschaft stellen, nicht als Versager in der Geschichte dastehen. Sie wollen Änderung, Weiterentwicklung, nicht Stillstand und Kapitulation. Die Marktwirtschaft versagt beim Schutz langfristig wichtiger Werte, die Marktkräfte allein greifen zu wenig. Ein neuer Weg muss deshalb mit dem Verständnis beginnen, warum und wann klassische Marktkräfte versagen, warum Märkte also in bedenklicher Weise fehlsteuern und wie sich unser Verhalten als sehr menschliche Akteure im Marktgeschehen zu diesem problematischen Gesamtbild verstärkt. Was lässt Unternehmer, Führungskräfte und auch uns Kunden immer wieder von Vernunft und Bescheidenheit abweichen?

Um diese Mechanismen zu verstehen, genügt es nicht, unsere individuellen Verhaltensweisen allein zu begreifen. Das Stichwort dazu heißt »Summeneffekte«. Schon als Individuen enttäuschen wir oft durch unser »unvernünftiges« Marktverhalten. Werte wie fairer Lohn, ökologische Rücksichtnahme oder Ressourcenschonung kosten Geld, die freie Marktwirtschaft aber sucht zunächst einmal die billigste Lösung. Und alle Erfahrungen zeigen, dass nur wenige bereit sind, wertebedingte Preisaufschläge bei Kaufentscheidungen zu akzeptieren. Jahrelange Bemühungen um Bewusstseinsbildung und Appelle an die Verantwortung haben das allgemeine Kaufverhalten zwar verbessert, aber nicht fundamental verändert. In Summe kann man längst noch nicht von einer Trendwende sprechen. Gerade im Anonymen ist die Gleichgültigkeit zu ausgeprägt, erst unter Beobachtung handeln viele anders.

Nachhaltigkeit kommt deshalb in freien Märkten als Motivator kaum zur Geltung. Wirklich gefährlich für die Gemeinschaft aber wird es, wenn sich Summeneffekte bilden und Problemverdrängung zur Gruppeneigenschaft wird. Als Marktteilnehmer sind wir eine große Gemeinschaft, wir zeigen das Verhalten von »Großgruppen«, in denen sich Schwächen summieren und Appelle und Aufklärung, die bei Einzelnen fruchten mögen, insgesamt aber bei zu vielen doch ins

Leere gehen. Gerade diese Summeneffekte müssen in einem neuen Ordnungsrahmen besser berücksichtigt werden. Hilfreich ist dabei ein Blick über den Tellerrand, hinein in die Psychologie. Die Sozialwissenschaft von »Organisationen« ist ein eigenes Teilgebiet der Psychologie und kann uns hier viele wichtige Zusammenhänge aufzeigen. Ich hatte darüber schon viel während meiner Zeit an der Sloan School of Management des MIT,[9] einer der beiden berühmten Universitäten in Boston, gelernt. Ein Update war notwendig, und was lag näher, als den Kontakt zur hiesigen Münchner Universität zu suchen. Der dortige Lehrstuhlinhaber Professor Frey gilt als international gut vernetzt und hatte einiges zu den sozialpsychologischen Ursachen der Finanzkrise veröffentlicht. In der Krise wurde das große Versagen der Marktwirtschaft offensichtlich. Wer konnte damals ahnen, wie wenig man daraus lernen würde und dass man nach einem kurzen erschrockenen Innehalten versuchen würde, einfach weiterzumachen wie vorher. Der Besuch bei Professor Frey gab interessante Einblicke, was unsere Eigenschaften in einer materiell geprägten Zivilisation angeht. Und ich erfuhr auch unbequeme Wahrheiten und erlebte böse Überraschungen. Aber ohne sich diesen zu stellen, wird Veränderung nicht möglich sein.

Sozialpsychologie von Großgruppen

»Vernunft und Freiheit müssten doch reichen, um Märkte zu steuern«, hatte ich das Gespräch mit Professor Frey begonnen. Erstaunt sah er mich an. »Freiheit ist der Kern einer guten Marktwirtschaft, aber sie gibt auch den Freiraum zur Gier, zu krankhafter Raffsucht und Unersättlichkeit. Gerade deshalb wird sie von vielen der Mächtigen der Marktwirtschaft ja so verteidigt, denn das erlaubt natürlich die uneingeschränkte Nutzung aller gewinnbringenden Spielräume ohne Rücksichten. Nichts treibt die Arm-Reich-Schere weiter auseinander als uneingeschränkte Freiheit. Wären Beschränkung und Vernunft die bestimmenden Verhaltensfaktoren, hätten wir die soziale Marktwirtschaft, ja den Staat insgesamt gar nicht erfinden müssen. Dessen

Aufgabe ist es ja gerade, die Exzesse des Besitzstrebens einzudämmen und ihm Ausgleich entgegenzusetzen.

Vernunft spielt bei Kaufentscheidungen überhaupt eine überraschend geringe Rolle. Wir sind, soweit es der finanzielle Spielraum erlaubt, primär emotional und egoistisch. Das sind unsere Triebfedern. Vernunft heißt Rücksichtnahme auf andere, heißt klug vorbeugen, sparsam wirtschaften und sich einschränken. Aber das bestimmt nur selten unsere Kauf- und Finanzentscheidungen. Deswegen ist ja das Entstehen des CO_2-Problems so interessant. Ihm vorzubeugen hätte all diese Eigenschaften gefordert. Die Risiken sind ja seit langem bekannt. Haben wir sie berücksichtigt? Nein. Allerdings müssen wir aufpassen, unsere ›Gier‹, unser Besitzstreben nicht zu sehr zu verteufeln. Gesund ausgewogenes Besitzstreben ist der innere Motor von Fortschritt und Lebensstandard. Wie erstmals der Ökonom und Moralphilosoph Adam Smith erkannte, führt Gewinnstreben wie durch eine ›unsichtbare Hand‹ gelenkt auch zu einer allgemeinen Wohlstandsmehrung. Allerdings kommt es auf die Balance an, auf den Ordnungsrahmen. Deshalb gefiel es Professor Frey, dass ich für neue Wege des ›Ordnungsrahmens‹ eintrete, einen starken Staat, der mit dem Korrektiv einer engagierten Zivilgesellschaft den Rahmen setzt und diesen auch kontrolliert, mehr Dialog, mehr Motivation und gesellschaftsinterne Absprache. Ein Erfolg kann das aber nur werden, wenn besser verstanden wird, dass individuelles Handeln und die Summeneffekte für die gesellschaftliche Entwicklung im Grunde völlig verschieden zu beurteilen sind.«

Ich ließ die Argumente von Professor Frey sacken. Ich hatte einerseits nicht erwartet, dass die Vernunft so wenig zu unseren Entscheidungen beiträgt. Andererseits fühlte ich mich bestärkt darin, den richtigen Weg eingeschlagen zu haben. Aber noch bevor ich Zeit hatte, weiter darüber nachzudenken, folgte eine Lehrstunde darüber, welche menschlichen Eigenschaften Markt- und Kaufverhalten beeinflussen, mit ganz unterschiedlicher Wirkung je nach Situation. Man könnte sie überschreiben mit Gier und Verdrängung.

Der Ausgangspunkt für diese Lehrstunde war die Finanzkrise. Die psychologischen Ursachen zu verstehen, wie es zu solchen Exzessen kommen konnte, war Professor Frey ein wichtiges Anliegen. Denn falsche Anreizsysteme, mangelnde Transparenz und unzureichende Rahmenordnungen konnten nur deshalb zur Katastrophe führen, weil sich dahinter fundamentale psychologische Phänomene verbergen. Das Grundmotiv ist natürlich das Gewinnstreben, und zwar aller Beteiligte. »Zum einen wollen Kunden ihr Geld möglichst profitabel anlegen. Dieses Motiv verleitet dazu, Risiken und Wertebezug zu ignorieren. Zum anderen tätigen einige Gruppen den ganzen Tag Finanztransaktionen und jonglieren mit Millionengewinnen, das fördert einen gewissen Realitätsverlust und die Gier nach möglichst üppigen Bonuszahlungen, oft erzockt durch hochspekulative Geschäfte. Das kombiniert sich unglücklich mit der Tendenz zum kurzfristigen Denken. Denn das hedonistische Prinzip der Profitmaximierung ist verbunden mit *Kurzfristigkeit*: Wenn Erfolge sich allzu schnell einstellen, fühlt man sich rasch gestärkt. Das Quartalsdenken hat in weiten Teilen des Marktsystems einen zerstörerischen Siegeszug angetreten, zulasten der Menschen, der natürlichen Ressourcen und der Umwelt. Und Nachhaltigkeit als Handlungsmaxime hat da von vornherein keinen Platz.«

Nachdenklich erläuterte er dann einige Grundsätze der psychologischen Lerntheorien: Verhaltensmuster, die sich als belohnend erweisen, werden wiederholt. Sind die Belohnungen kontinuierlich, steigert man das Risiko, um noch größere Belohnungen zu bekommen. Bleiben Entscheidungen ohne negative Konsequenzen, dann entwickeln die Akteure eine Monopolhypothese: Alles wird auch in Zukunft gut sein. Diese *Sorglosigkeit* kann zu Erfolgsarroganz werden, man hält sich für immun gegenüber negativen Konsequenzen. Dies reduziert die Fähigkeit und Motivation, Gefahrensignale zu beachten. Es verstärkt auch die Illusion, dass man bei negativen Konsequenzen noch erfolgreich gegensteuern kann. Die Rückschläge müssen keineswegs zu einer Revisionsentscheidung führen, das Gegenteil kann der

Fall sein: Man verstärkt das Risiko, setzt quasi alles auf eine Karte, um durch mögliche Gewinne den entstandenen Verlust zu reduzieren.

Ich musste zugeben, genau so, mit dieser Sorglosigkeit, hatte auch ich reagiert. Der Börsenabsturz traf mein Aktiendepot erschreckend kräftig. Gerade die spekulativeren Werte waren besonders gefallen. Diese Sorglosigkeit schien mir aber nicht nur im Finanzbereich zu herrschen, sondern auch in anderen Bereichen, vor allem in der Klimaproblematik.

Im weiteren Verlauf des Gesprächs kam Frey dann auf den *Herdentrieb* und den Gruppendruck zu sprechen, Themen, die mich als Wirtschaftler besonders interessierten, waren sie doch die Basis erfolgreicher Vermarktung im großen Stil: »Menschen vergleichen sich mit anderen. Viele sahen, wie andere in durchaus undurchschaubaren und potenziell risikoreichen Geschäften hohe Gewinne machten – und dass sie selbst ›die Dummen‹ sind, wenn sie nicht mitmachen. Liefe man nicht im Mainstream mit, wären Status, Prestige und Selbstwert bedroht.« Ein Abgleich mit der Realität machte mir bewusst, dass gerade im Automobilbereich Herdentrieb und Gruppendruck eine große Rolle spielten; Prestigedenken in Pferdestärken und Karosseriegrößen ließen hohe Anschaffungspreise und ökologische Folgen in den Hintergrund treten. Im Finanzsektor gab es ähnliche Anreize:

»Zudem ist der Druck der Auftraggeber enorm, profitstark zu sein. Denn der Erfolgreichste dient natürlich als Maßstab für die eigene Leistung. Allerdings wird erstaunlich wenig wirklich individuell entschieden, die Akteure der Institutionen der Finanzkrise, also Investmentbanker, Börsenaufsichten Notenbanken, Ratingagenturen und auch Anleger, handelten in dieser Krise nicht als Einzelne: Entscheidungen und Fehlentscheidungen wurden sehr oft in Gruppen getroffen. Gruppenprozesse haben aber die Eigenheit, dass es zu einem informellen *Gruppendruck* kommt, welcher Konformität einklagt und kritisches Querdenken, gerade auch Appelle an Werte und Ehrlichkeit, als unprofessionelle Weichheit interpretiert und unterdrückt. Auch wer durchaus Gefahrensignale sieht, passt sich dem Druck der

Gruppe und der Notwendigkeit, geschlossen und gleichförmig zu handeln, an. Es kommt dazu, dass die Gruppe sich eine eigene Wahrheit gibt, sich für unanfechtbar hält. Die ›Stars‹ der Gruppe entwickeln sich zu Gurus, die so von sich überzeugt sind, dass sie ihre Spielregeln anderen oktroyieren können, zum Beispiel auch der Politik.«

Sofort tauchte vor mir das Bild der Konzernchefs und der Lobbyverbände auf, die unisono bei Emissionsabgaben, Ökosteuer oder alternativen Energien vor dem Niedergang der heimischen Wirtschaft warnten und jede ernsthafte Auseinandersetzung der politisch Verantwortlichen mit dem Klimathema blockierten.

Und dann kamen einige mir völlig neue Ausdrücke, als er von *Verantwortungsdiffusion* und *pluralistischer Ignoranz* sprach:

»Investmentbanken, Börsenaufsicht, Notenbanken, Behörden verschiedener Länder, wie gesagt, alle waren sie an dem Fiasko beteiligt: Je mehr Institutionen und Personen an Entscheidungen beteiligt sind, umso mehr teilt sich Verantwortung – bis sich letztlich niemand verantwortlich fühlt und keine Institution die Aufgabe einer verstärkten Regulierung annimmt. Dadurch, dass es über Jahre kaum negative Vorfälle gab, kam es zu einer pluralistischen Ignoranz gegenüber dem Risiko: Dass alle im selben Strom mitschwimmen und trotz des potenziellen Risikos nichts passierte, wurde so interpretiert, dass es so gefährlich nicht sein könne. Genauso übrigens wie beim Klimathema. Alle handelten so, als ob die Gefahr nicht existierte – schließlich hatte die Wissenschaft doch schon oft Gefahren falsch eingeschätzt. Der Unterschied von Wetter und Klima war sowieso schwer zu verstehen, ernsthaft diskutieren wollte das keiner. Und auch diese Ohnmacht vor dem Unverstandenen findet sich in der Finanzkrise in Form der *Verdrängung von Inkompetenzgefühlen*.

Es wäre vermessen zu sagen, wie unmoralisch die Akteure waren. Der sogenannte Markt, wo nichts reguliert wurde, wo es keine Kontrolle und keine Verantwortung für Ergebnisse gab, hat dies alles möglich gemacht. Es ist also völlig richtig, dass Marktwirtschaft nicht alle Probleme lösen kann, manche sogar verschärft. Die korrigierenden

Kräfte sind zu gering. Diejenigen, die jetzt vorschnell Steine werfen, weil sich Akteure an der nächsten Generation versündigt haben und möglicherweise verantwortlich sind für eine große Wirtschaftskrise, mögen sich fragen, wie sie selbst sich als Kleinanleger und Individuen verhalten haben. Dass kaum einer der Akteure nun persönlich haften muss und zur Verantwortung gezogen wird, ist psychologisch eine fatale Botschaft. Damit sind im Grunde die nächsten Missbrauchsszenarien schon programmiert. Zwar sollte jeder Einzelne wissen, was moralisch vertretbar ist, doch angesichts menschlicher Fehlbarkeit scheint Folgendes genauso wichtig: Die Politik und die Gesellschaft müssen klarere Spielregeln formulieren und Rahmenbedingungen setzen für ein vernünftiges Wirtschaften und einen verantwortungsvollen Umgang mit den Ressourcen von Mensch und Umwelt.«

All das unterstrich, dass wir aufhören müssen, nur auf Marktkräfte zu hoffen, dass vielmehr ein neuer Ordnungsrahmen solche Zusammenhänge besser berücksichtigen muss. Es war klar: Langfristiges, umfassend verantwortliches Denken beeinflusst das Marktgeschehen nur gering, Nachhaltigkeit ist ein zu schwacher Motivator für alle Beteiligten. Eine böse Überraschung. Zum Abschluss meinte Frey noch tröstend: »Oft braucht man Sputnik-Schocks, Tschernobyl-Katastrophen oder Finanzkrisen, bevor es zu tatsächlichen Verbesserungen in der Transparenz und Kontrolle kommt. Das Spiel am Rande des Abgrunds kann, so betrachtet, vielleicht auch heilsam gewesen sein und zu einer neuen, koordinierten und globalen Finanzordnung führen, vielleicht überhaupt zu einem strengeren Umgang mit marktwirtschaftlichen Fehlentwicklungen. Wir müssen einsehen: Nicht nur der Kapitalismus hat Fehler, sondern auch wir.«

Mit diesem Satz spielte wieder Frey auf den schottischen Moralphilosophen und Ökonomen Adam Smith an, der seine Lehre von der freien Marktwirtschaft mit der Notwendigkeit ethischen Verhaltens verknüpfte. Das Bemerkenswerte dabei ist, dass Smith dies nicht erst in seinem berühmten Buch *Wealth of Nations*, der Urlehre wirtschaftlicher Freiheit aus dem Jahr 1776, postulierte, sondern bereits in einer früheren Schrift über die Theorie der ethischen Gefühle. Es geht also darum, den Kapitalismus und die Globalisierung so zu zähmen, dass das System unsere menschlichen Fehler besser kompensieren kann.

»Die Politik allein kann das allerdings nicht schaffen, die Gesellschaft als Ganzes ist da gefordert. Wenn Freiheit und Vernunft allein kein gesellschaftlich akzeptables Ergebnis liefern, müssen wir unsere übrigen Eigenschaften, allen voran ausufernde Gier – aber nicht nur diese –, auf den Prüfstand stellen, müssen sie beherrschen lernen. Wenn das für den Staat zu komplex wird, bedarf es weiterer Regelmechanismen, vielleicht vergleichbar jenen, die immer schon in Zünften oder Ständen und zum Teil auch für heutige Wirtschaftszweige festgelegt wurden.«

Professor Frey sagte das wohl auch in Hinblick auf die Finanzkrise, denn mit ihr kam fast zwangsläufig weltweit der Ruf nach »mehr Staat«. Hier allerdings stellte sich die gleiche Frage, wie im Zusammenhang mit den großen Korruptionsfällen der vergangenen Jahre: Der Staat? Der Nationalstaat? Die Kontrolle der Finanzwelt ist ein weltweites Problem, ein wirklich globales. Diese Branche hatte das Prinzip der neuen Freiheit verstanden: der Freiheit des Internets und der elektronischen Datenkommunikation. Kein Staat konnte allein regeln, und internationale Übereinkünfte strotzten vor Kompromissen und kamen spät, wenn überhaupt. Ob Finanzkrise oder Klimawandel, für diese weltweiten Probleme galt: Der »Staat« allein war der neuen globalen Freiheit nicht gewachsen.

Die epochale Veränderung

Die Veränderungen, die das Internetzeitalter eingeleitet hat, sind gerade wegen dieser Freiheit epochal und uns in ihrem Ausmaß noch keineswegs voll bewusst. Denn es macht nicht nur Information weltweit verfügbar, plötzlich können auch alle elektronischen Daten – und dazu gehört heute Geld, aber auch Fertigungs-Know-how und generell Firmenwissen – weltweit verschoben werden. Immer dahin, wo es am günstigsten ist. Plötzlich konnten per Knopfdruck riesige Beträge in Millisekunden in andere Länder transferiert werden, plötzlich konnte man alle Schlupflöcher der Steuer- und Bilanzoptimierung, der Zinsdifferenzen und der Aufsichtssenken nutzen, konnte ganz neu optimieren, konnte alles so unübersichtlich machen, dass der Kunde nur noch glauben konnte. Die Wirtschaft hatte eine neue Freiheit für sich entdeckt, für die es keine Ordnung gab.

Am Ende steht die bittere Erkenntnis: Für ethisches Versagen auf internationaler Ebene gibt es kaum einen Ordnungsrahmen, denn die Staaten agieren national. International ist man zwar bemüht, man verspricht, trifft sich, aber die schließlich erreichten Regeln sind meist faule Kompromisse, kaum griffig und fast so schnell wieder umgangen, wie sie verabschiedet und gedruckt sind. Denn Gier macht erfinderisch, und hier findet sich auch kein flehendes Auge wie bei einer Werksschließung, in dieser Welt ist alles abstrakt, global vernetzt, kaum greifbar.

Die Schaffung eines neuen Ordnungsrahmens muss also die Grenzen nationalstaatlicher Ordnung in Zeiten der Globalisierung mit einbeziehen. Das war die zweite böse Überraschung, die ich während des Gesprächs mit Professor Frey erlebte, denn damit ging der Ruf nach nur »mehr Staat« ins Leere. Engagement in der Politik genügt nicht, die Wirtschaft will nicht, und die internationalen Gremien konnten bislang dem Ruf einer Ordnungsmacht nicht gerecht werden. Hinzu kommen die Komplexität menschlichen Verhaltens und die Komplexität der Wirtschaft selbst: Jede Branche braucht eigentlich andere Vorgaben. Und die möglichst weltweit. Denn es ist klar: Soziale und ökologische Werte würden in einem globalen, aber weitgehend unkontrollierten System verrotten – genau wie wir es in den letzten beiden Jahrzehnten mit steigender Wut beobachten konnten. Trotz aller Stärken der Marktwirtschaft, des liberalen Welthandels und des technologischen Fortschritts, das sind Entwicklungen, von denen viele heute sagen: »So haben wir das nicht gewollt!«

Das eigentliche Ausmaß dieser Fehlentwicklungen, die dabei sind, zur größten Sünde unserer Generation zu werden, wird allerdings erst morgen sichtbar sein, morgen, wenn es wieder einmal zu spät sein wird. Dann, wenn die nächste Generation fragt: »Habt ihr das nicht gesehen, habt ihr nicht gewusst, dass da große Risiken bestehen?« Bei einer achselzuckenden Antwort auf diese Frage darf es nicht länger bleiben. Denn gerade weil wir um die Gefahren wissen, wird Fehlverhalten, wird Nichtstun zur Sünde. Wir brauchen deshalb ein System, das intelligenter Risiken vorhersieht und Gegenmaßnahmen durchsetzt. Mit langfristigem Denken. Ansätze dazu gibt es. Viele, gerade die in den NGOs der Zivilgesellschaft Engagierten, wissen genauestens Bescheid. Trotzdem lassen sich die NGOs, obwohl in Summe »Zivilgesellschaft« genannt, immer noch zersplittern, aufreiben in Einzelstimmen, statt einen eindeutigen Chor anzustimmen. Deshalb müssen wir lernen, eine Sprache zu sprechen, nicht immer im Konsens, aber koordiniert, müssen wir überzeugen lernen, konzertiert mitsprechen, aggressiv den Dialog suchen, Lösungen anbieten. Wir müssen Mitsprache fordern bei der Ordnung der Märkte, ja des Systems im Ganzen, unter den Gesichtspunkten der Generationengerechtigkeit und Nachhaltigkeit. Aber lässt sich daraus tatsächlich eine verbesserte Steuerung der Märkte entwickeln, mit mehr Dialog und Mitbestimmung und weniger Staat?

Wir brauchen sie wieder, diese Selbstverpflichtungen auf Werte, auf einen *Wertekodex*, der gerade heute aus der Ecke des »Altmodischen« herausgeholt werden muss. Erarbeitet im Dialog mit der Gesellschaft, kann ein verpflichtender Kodex Exzesse zügeln und dem Zusammenleben mehr Gemeinsinn geben – wie es eben Adam Smith schon einforderte – als Gegengewicht zur Freiheit der Märkte und Grenzen der Politik. Denn Nachhaltigkeit wird vom freien Spiel der Kräfte der Marktwirtschaft nicht unterstützt, und zugleich zeigt sich diese Zielsetzung für die internationale Staatengemeinschaft als zu komplex. Gibt es also einen deutlicheren Auftrag, auch von innen heraus international durchsetzbare Leitlinien zu schaffen, zu einem neuen starken Dialog der Gesellschaft zu finden?

Der Wertekodex
von Unternehmensgruppen

Prolog: Wertekodex – freiwillig
über das Gesetz hinaus

Der Wertekodex ist ein Kernelement einer werteorientierten Marktwirtschaft. Dieses Instrument wird mehr und mehr genutzt, wenn sich
Unternehmer oder auch Unternehmergruppen festlegen auf die Einhaltung bestimmter Kriterien ihres Sozialverhaltens, also ein »Qualitätsversprechen« abgeben.

Der von mir in diesem Kapitel beschriebene Wertekodex bezie-
hungsweise Ethikcode des Unternehmerverbandes der Medizintechnik AdvaMed hat in den vergangenen Jahren seine Bedeutung weiter
gefestigt. In den USA ist das Gesundheitswesen – wie bei uns auch –
zu einem erheblichen Teil in öffentlicher Hand. Deshalb kann die amerikanische Regierung die Anwendung dieses Kodex für öffentliche
Aufträge erzwingen, und viele Hospitalketten sind dem gefolgt.

Da ich der Medizintechnikbranche nahestehe, kann ich die Wirksamkeit des Ethikcodes der AdvaMed beurteilen. Der Kodex hat die
Geschäftspraktiken in den USA erkennbar verbessert, einschließlich
der vielen korruptiven Beeinflussungen durch Beratungsverträge, For-
schungsaufträge und bezahlte Seminare in Luxushotels. Das belegt, dass
ein vom Gesetzgeber unterstützter Wertekodex eine Werteregulierung
einer gesamten Branche erzwingen kann. Flächendeckend angewandt,
führt ein solcher Wertekodex zu einer veränderten und ethisch solideren
Kultur von Wirtschaftssektoren.

In den meisten anderen Bereichen des Gesundheitswesens wie der Pharmaindustrie oder der Pflege ist heute der Wertekodex schon gut verbreitet, auch in Europa. An vielen Stellen haben sich dadurch die Geschäftspraktiken verbessert, von einer flächendeckenden Werteregulierung sind wir allerdings noch ein ganzes Stück entfernt.

Immer öfter wird der Wertekodex nun eingesetzt, um öffentlicher Kritik zu begegnen. Besonders bekannt wurde 2013 das Beispiel der Textilindustrie, die nach einem Gebäudeeinsturz in Bangladesch mit über tausend Toten strengere Arbeitsschutzbedingungen – einschließlich der Gebäudesicherheit – versprach und teilweise auch einhält.[10] Auch große Unternehmen haben interne Werteleitlinien geschaffen, beispielsweise Siemens,[11] hier beispielsweise in einer speziellen Version für Zulieferer der globalen Produktions- und Lieferkette,[12] ein Thema, das gerade in der Elektronikbranche besonders heikel ist.

Die großen Aktiengesellschaften des DAX haben sich auf einen Wertekodex transparenter Unternehmensführung festgelegt, und selbst im Bereich der Banken gibt es in Deutschland heute ernst zu nehmende Kodizes.[13] Die Eingabe des Wortes »Wertekodex« in Suchmaschinen zeigt eine fast unüberschaubare Fülle. Zu einer wahren Explosion von »Qualitätsversprechen« durch Labels und Zertifikate kam es in den Bereichen Landwirtschaft und Ernährung, wo wir allein in Deutschland mehr als tausend solcher Labels zählen, teils von Unternehmensgruppen, teils von großen Herstellern und Handelsorganisationen.

Das Prinzip gilt also als wirksam, nur sind die Qualität und Durchsetzung noch sehr unterschiedlich – und auch die Gefahr des Ausuferns ist unübersehbar. Wie Qualität erreicht werden kann, zeigen dieses und das folgende Kapitel und betonen die notwendige Bereitschaft zu Dialog und Mitbestimmung. Die Beobachtungen der letzten Jahre bestätigen, dass das Modell des verpflichtenden Wertekodex unverändert intakt ist. Flächendeckend angewandt, könnte es einen Kulturwandel der Marktwirtschaft erreichen, der die Exzesse des Kapitalismus zähmt. Dies ist, wie gesagt, erreichbar – das Versprechen dieses Buches.

Pioniere sozialer Verantwortung

Wieder einmal ärgerte sich Ernst Abbe über Roderich Zeiss. Der Sohn des Firmengründers hatte aus seinen Auffassungen kein Hehl gemacht. Ihm missfielen all die »sozialen« Ideen von Abbe, er hielt sie für Weichheit im Betrieb, er wollte Härte im Umgang mit den Arbeitern und war nun wieder einmal mit Reitstiefeln und Peitsche durch die Firma geeilt und hatte herumgewettert. Für Ernst Abbe war klar, hier prallten zwei Welten aufeinander.

Das war 1890 gewesen, in einer Zeit, die den gesetzlichen Schutz der Mitarbeiter eines Unternehmens nicht kannte. Aber war das ein Grund, diese Missstände zu akzeptieren? Abbe, Miteigentümer der Firma Carl Zeiss in Jena, zahlte Roderich Zeiss aus und übernahm das Ruder allein. Als Rechtsform wählte er eine Stiftung. Das machte ihn unabhängig von allen Erbvorgängen und erlaubte ein Statut, das der Firma einen Wertekodex gab, die seinen Vorstellungen über die soziale Verantwortung eines Unternehmers entsprach. Die soziale Fürsorge für seine Mitarbeiter, deren Angehörige und die Stadt Jena waren die Leitlinie. Abbe entwickelte einen Wertekodex, der weitgehend dem Modell der heutigen sozialen Marktwirtschaft entspricht. Schritt um Schritt wurden seine Vorgaben im Laufe der Zeit Gesetz oder zum Inhalt gesetzlich geschützter Tarifverträge. Sein Wertekodex war eine Pioniertat in einer sozial kalten Zeit. Das Statut umfasste an die hundert soziale Maßnahmen und sicherte unter anderem Arbeiterrechte, Urlaubsanspruch, Kündigungsschutz, Pensionen und Witwenrenten und stellte die Weichen für die Schaffung einer Betriebskrankenkasse, eines Betriebsrats, der Lehrlingsausbildung und der 40-Stunden-Woche.

Heute würde ein Vordenker wie Abbe die Regeln zu sozialer unternehmerischer Verantwortung wohl auch erweitern um die der Nachhaltigkeit, des Umweltschutzes und der globalen Fairness. Er würde heute diesen Bogen noch entsprechend breiter spannen und sich der noch umfassenderen »Corporate Social Responsibility« (CSR) als

Pionier verpflichten, so wie es heute Unternehmer wie Otto, Leibinger, Ritter oder Würth beispielhaft vorgeben.

Sich dieser breiteren Definition sozialer Verantwortung als Unternehmer bewusst zu stellen – oder zumindest diesen Trend nicht auszulassen – wurde zwischenzeitlich Mode. Fast jedes große Unternehmen hat heute einen Verhaltenskodex, einen »Code of Conduct«, und wer dieses Wort googelt, der findet sich mit 90 Millionen anderen Usern in neugieriger Gemeinschaft. Das große Interesse an Nachhaltigkeit, an »Sustainability« als Unternehmensphilosophie hat ganz neue Berufszweige entstehen lassen aus spezialisierten Beratern, Seminarveranstaltern und Wirtschaftsprüfern. Die ISO,[14] die internationale Industrieorganisation für Standardisierung, hat nach fünfjähriger Arbeit die Norm ISO 26.000 für soziale Verantwortung in Unternehmen und Organisationen verabschiedet und dazu ein 75 Seiten starkes Dokument veröffentlicht. Umstritten zwar, aber immerhin eine Leitlinie, ebenso wie die Empfehlungen der UN-Kommission unter dem Namen »Global Compact«,[15] die weltweit von Tausenden von Firmen unterstützt wird und zurückgeht auf eine Initiative der International Chamber of Commerce und deren Dachorganisation der Handelskammern.

Was allerdings meist fehlt, ist der Dialog mit allen Stakeholdern, vor allem mit den Kritikern aus den Reihen der NGOs. Denn die verfügen teils über hervorragende Fachkenntnis, eingebracht aus einem anderen Blickwinkel. Die Qualität von Wertekodizes und Qualitätsversprechen wird deshalb entscheidend geprägt durch die Bereitschaft und die Qualität des Dialogs zwischen den Akteuren.

Kraft und Grenzen des Dialogs

Mitsprache, das ist Dialog auf Augenhöhe, das ist »vernünftige« Argumentation, ein Meinungsabgleich in der Hoffnung auf eine Annäherung der Standpunkte und darauf aufbauende Lösungswege. Die Frage ist nur, wie aus den momentanen Polarisierungen ein echter Dialog wird. Professor Frey war da eindeutig gewesen: »Zweifelsfrei, die Situation braucht mehr ›Vernunft‹, ganz im Sinne des Kant'schen Imperativs. Vernunft gehört nicht zu den angeborenen Eigenschaften, zu unseren Urtrieben, aber sie wächst im Dialog. Wer Information mit menschlicher Wärme, mit Verstehen und Anerkennung kombiniert, kann zielgerichtet motivieren. Aber solcher Erfolg hängt von vielen gruppendynamischen Voraussetzungen ab. Gerade die Mächtigen neigen wenig zu Dialog. Immer unter Zeitdruck, voller Selbstbewusstsein, ein bisschen arrogant, wie eben ›Macht‹ so verändert. Mancher muss von Glück reden, wenn er eine Umgebung hat, die die Geduld hat, die Sturheit zu brechen.«

Erst hatte ich nicht verstanden, was er meinte, aber dann dachte ich an einen eingerahmten Spruch, der lange auf meinem Schreibtisch stand. Bei Dienstjubiläen wird man ja meist nur gelobt, besonders als Vorstand, aber manchmal sind auch kleine, fast bösartige Spitzen dabei, die aufzugreifen sich lohnt. Meine Mitarbeiter trugen bei einer dieser Gelegenheiten eine dicke Sammlung meiner Äußerungen vor, die scheinbar zum Schmunzeln waren, aber eigentlich zum Nachdenken einluden. Ein Zitat hatten sie gerahmt, gesprochen am Ende einer wohl mehrstündigen Debatte, in der ich lange nicht nachgeben wollte, hinterher aber fast entschuldigend kommentierte: »It took me some time to get from my opinion to the right opinion.« – »Ich brauchte etwas Zeit, bis ich von meiner Meinung zur richtigen kam.« Meine ursprüngliche Meinung zu einem neuen Produktkonzept war falsch gewesen, sie kopierte nur die Konkurrenz, hatte zu wenig Innovatives. Es ging dabei übrigens um Millionen, um das Geschäft mit supraleitenden Magneten, die heute in den großen Magnetresonanzanlagen der Kliniken eingesetzt werden und so schöne Bilder von Gelenken, vom Gehirn und seit Neuestem auch vom Herzen machen. Mein Ansatz – eine zu schwache Feldstärke mit konventioneller Steuerung – war falsch, hatte keinen echten Neuigkeitswert. Die Konzepte meiner Mitarbeiter aber wurden später Welterfolge.

Erst der Dialog, eine konstruktive Auseinandersetzung, hatte diesen Umschwung herbeigeführt. Er braucht Geduld, aber ein leichter

Erfolg gelingt nach meiner Erfahrung fast nur unter Gleichgesinnten. Sind die Fronten, die Grundüberzeugungen, sehr unterschiedlich oder verhärtet, braucht es schon viel Respekt, manchmal auch einigen Druck, um sein Inneres auf Kompromiss zu schalten. Deshalb ist es gut, wenn Dialog auch mit Andersdenkenden manchmal zur Pflicht wird, wenn also Beratung und Gedankenaustausch »systemimmanent« vorgeschrieben werden. Beiräte, Aufsichtsräte, Betriebsräte, Parlamente, Kabinette, sie alle sind instrumentalisierte Gesprächsrunden mit oft sehr unterschiedlichen Auffassungen, die vor den Entscheid den Dialog setzen. Ohne den vorangehenden Prozess der Meinungsbildung vor einer Entscheidung hätten sie kaum Qualität. Das aber ist es, was im Ordnungsrahmen der Märkte fehlt: ein instrumentalisierter Dialog, der Verständnis und Gegenkräfte gegen die Versuchungen der »Gier«, gegen Gleichgültigkeit und Sorglosigkeit schafft, der Brücken baut, damit auch Anerkennung und Verständnis bringt – und vielleicht auch langfristiges, werteorientiertes Denken in die Entscheidungen. Und deshalb ist ein instrumentalisierter Dialog die bessere Antwort, Engagement und Fachkenntnis vorausgesetzt.

Mitbestimmung – Dialog mit Nachdruck

Das Beispiel oben entstand aus dem oft schwierigen Meinungsaustausch unter letztlich Gleichgesinnten, der gegen die Sturheit des Entscheiders, des Machthabers ankämpft. Er kann erfolgreich sein, hängt aber letztlich vom Gruppengefühl ab. Meine Gesprächsteilnehmer waren von mir sehr respektierte Führungskräfte, einem anders zusammengesetzten Team hätte ich wohl nicht nachgegeben.

Sich durchsetzen, auch gegen höhere Instanzen, setzt eine ausgeglichene Dialogkultur, die Möglichkeit der hierarchiefreien Kommunikation, eine Kultur des guten Arguments und der Zivilcourage voraus, in der die Mitarbeiter Verbesserungsvorschläge einbringen und sich als Unternehmer im Unternehmen betrachten. Oder ein Instrumentarium aus Rechten, Pflichten und Sanktionsmöglichkeiten, die Druck erzeugen. Das ist das Wesen der *betrieblichen Mitbestimmung* der Betriebsräte in Unternehmen, eines Systems von Macht und Gegenmacht, das die soziale Ausgewogenheit unternehmerischer Entscheidungen sichert. Eine Möglichkeit der Mitsprache, gestützt auf ein Instrumentarium, das einer Argumentation Nachdruck verleiht. Dazu zählt schon die Gesprächspflicht der Unternehmensleitung an sich, es gehören aber auch Verzögerungsrechte bei Entscheidungen, das Recht auf Hinzuziehung von Sachverständigen, manchmal auch Vermittlern und teils auch die Pflicht zum Konsens, also ein Vetorecht, dazu. Jede Unternehmensleitung weiß ein Lied davon zu singen, wie zäh Verhandlungen mit Betriebsräten sein können und wie oft bei sozial wichtigen Themen um Kompromisse und Mäßigung gerungen werden muss. Dennoch: Die betriebliche Mitbestimmung durch Betriebsräte setzt durch – und sie ist deshalb ein zentrales Element der sozialen Marktwirtschaft.

Das Prinzip lässt sich natürlich auf alle Entscheidungsfunktionen übertragen, also auch auf die Steuerung der Wirtschaft. Aber die betriebliche Mitbestimmung folgt dabei einigen vom Gesetzgeber gut überlegten Grundgedanken, die für Externe nicht sofort offensichtlich, aber für den Erfolg wichtige Voraussetzungen sind. Zunächst sind Betriebsräte nicht einfach »normale«, gelegentlich mal diskutierende Mitarbeiter, sie sind vielmehr hochengagiert, fast immer gut informiert und diskutieren meist auf hohem Niveau. Sie sind von den Gewerkschaften ausgebildet, kennen den Betrieb und das Geschäft und werden von den Mitarbeitern mit reichlich Vorschlägen und Informationen versorgt. Gepaart mit Urteilskraft und Augenmaß, können sie Lösungsvorschläge erarbeiten, die der Wettbewerbsfähigkeit des Unternehmens zuzumuten sind und sich deshalb nicht einfach abschmettern lassen. Dieses Sortieren und Verdichten von Meinungen schafft bei den Mitarbeitern hohes Vertrauen, der Betriebsrat ist eine Stimme, die auf ihrer Seite steht. Das kann von der Unternehmensleitung fair und legal genutzt werden, um in schwierigen Phasen bei der Mitarbeiterschaft auch unpopuläre Themen durchzusetzen –

die Zustimmung des Betriebsrats zu einer Entscheidung hat hohe Glaubwürdigkeit –, oder auch vom Betriebsrat genutzt werden, um mit Kampf- und Publikationsmitteln weiteren Druck auf die Geschäftsführung zu machen. Je nachdem.

Die Rolle der Gewerkschaften ist indes wesentlich problematischer. Gewerkschaften sind zwar ein notwendiges Gegengewicht zum unternehmerischen Handeln, wenn sie aber gesetzlich so stark gestützt werden wie heute in Deutschland, können sie auch zum Problem werden. In der Frühzeit jedoch hat ihr Zusammenhalt die betriebliche Mitbestimmung erst durchgesetzt. Uns interessiert für unser Thema also weniger die heutige Überstärke der Gewerkschaften, sondern ihr historischer Beitrag. Dessen Botschaft ist zweifelsohne die Durchsetzungskraft, die von gemeinsamen Zielen und abgestimmter Organisation ausgeht. Erst als die Gewerkschaften und deren internationale Koordination entstanden, erhielten sie Gehör, bald auch unterstützt von den Parteien der frühen Sozialdemokratie, die ja zum Teil sogar aus der Gewerkschaftsbewegung hervorgingen.

Trotz dieser insgesamt guten Erfahrungen wird das Instrument der *Mitbestimmung* – eines gleichgewichtigen Dialogs entgegengesetzter Meinungen – selten aufgegriffen. Die Politik setzt lieber auf Ge- und Verbote, und wo das zu komplex scheint, versucht sie es gelegentlich doch mit dem Anstoß zu freiwilligen »Selbstverpflichtungen«, zu der dann von der betroffenen Gruppe eine von innen besetzte »Kommission« eingesetzt wird. Aber das schlägt meist fehl. Ein zu schwacher politischer Arm mag mit solchem Aktionismus zwar guten Willen zeigen, das endet aber regelmäßig kläglich. Zu viele Beispiele einseitiger »Freiwilligkeit« zeigen, dass es ohne Gegengewichte in der Meinungsbildung nicht geht.

Eine zahnlose Selbstverpflichtung

Ein Negativbeispiel par excellence für eine derartige zahnlose Selbstverpflichtung machte der Verband der europäischen Automobilindustrie ACEA Mitte der 1990er-Jahre. Der Appell von Rio war damals noch in aller Ohren, die Verhandlungen in Kyoto standen vor der Tür, und die Europäische Union erwog ein Gesetz, das den mittleren Verbrauch der Pkw-Modelle der großen Hersteller auf 140 Gramm CO_2 pro Kilometer begrenzen sollte. Wenn die Automobilindustrie solche staatlichen Eingriffe verhindern wollte, war es wichtig, Goodwill zum Klimaschutz zu zeigen. Die heute schon fast vergessene damalige Zusage der europäischen Automobilindustrie an die EU-Kommission war, den mittleren Kraftstoffverbrauch bzw. den CO_2-Ausstoß der Automobile bis 2012 unter 140 Gramm pro Kilometer zu senken – und zwar nicht durch Gesetzesvorgaben, sondern durch interne Koordination.[16] Das sollte freiwillig erfolgen und ohne dass dafür eigene Detailvorschriften erlassen werden sollten. Denn dafür fühlte sich der Verband gegen die Konzerne zu schwach. So kam es zu einer »Selbstverpflichtung« der Branche, die gut klang, aber nicht einmal im Ansatz eingehalten wurde. Der mittlere Verbrauch stieg in den Folgejahren sogar an. Die Begründung der Branche: Der Kunde habe es so gewollt mit dem Trend zu schwereren und größeren Fahrzeugen, Klimaanlagen usw. Das ist richtig. Wo aber sind die Gegenmaßnahmen, wo wurde die Werbung verändert, wo Sparsamkeit als Ziel propagiert, wann der Begrenzung der Höchstgeschwindigkeit in Deutschland zugestimmt, die Modellpolitik verändert, Effizienz, Hybrid und Elektro in den Vordergrund gestellt, wo Bonussysteme verändert? Nichts von alledem. Und nun ist diese Industrie heftigen Vorwürfen ausgesetzt. Nicht nur, weil Zehntausende von Jobs verloren gingen, sondern weil deren »Antwort« auf die bekannten Gefahren des Klimawandels lange nicht nur unzureichend, sondern schlicht erschütternd blieb. Erst musste Altes abverkauft werden, bevor man bereit war, Klimaziele zu fördern. Mehr als zehn Jahre blieb man schlicht tatenlos.

Der Zweck einer Selbstverpflichtung aber ist nun mal, unerwünschten Trends nicht tatenlos zuzusehen und die falsche Richtung nicht weiter zu dulden. Was der europäische Automobilverband tat, geschah ohne innere Überzeugung, ohne Instrumentarium zur Durchsetzung und dementsprechend ohne Wirkung. Allerdings schlug das Versagen gemein zurück. Heute steckt die Autoindustrie in der Krise. Wie viel besser stünde sie da, wenn sie ihre eigene Selbstverpflichtung ernst genommen hätte. So aber erlebte sie, was man wohl den größten globalen Käuferstreik nennen kann, den die Wirtschaft je gesehen hat. Plötzlich wollte ein Großteil der Kunden diese Energie verschwendende Technologie nicht mehr, sie wollten nicht jeden Kilometer mit schlechtem Gewissen fahren, sie wollten Neues, frei von Gewissensbelastungen. Das aber wird erst sehr langsam verfügbar. Trends, die übrigens die Japaner schon lange erkannt hatten, deshalb mit weniger Blessuren wegkamen, während Detroit fast unterging und in Europa die Steuerzahler für die Sünden haften – und dennoch den Verlust von Zehntausenden von Arbeitsplätzen bei Automobilherstellern und Zulieferern erleben müssen. Die missachtete Selbstverpflichtung wurde so fast zur Selbstvernichtung.

Kommissionen: Die Mächtigen unter sich – und ohne Gegengewicht

Zahnlose Selbstverpflichtungen haben also mit Recht keinen guten Ruf, gleich, wie hochrangig die Kommission auch sein mag. Ein zweites interessantes Beispiel einer weitgehend gescheiterten, obwohl von der Regierung eingesetzten Wirtschaftskommission ist die deutsche »Governance«-Kommission. Governance, das ist das Überwachungs- und Führungsprinzip, das die Unternehmen im Grundsätzlichen steuert und deren Kernelement die Aufsichtsräte sind. Sie sind es, die die Vorstände der Aktiengesellschaften einsetzen, sie bestimmen die Grundsätze der Geschäftsführung, sie geben Vorschläge an die Aktionärsversammlungen und leiten diese Sitzungen, sie bestimmen über Wirtschaftsprüfer und Berichtspflichten, sie sind die oberste Stufe der

Macht. Also lag es nahe, für Aktiengesellschaften eine Kommission erfahrener Aufsichtsräte zur Eindämmung der rasch zunehmenden Missstände bei Transparenz und Führung einzusetzen – gedacht als ein »Selbstregulierungsinstrument«, aber leider ohne Gegengewicht, ohne Mitsprache einer kritischen Gegenseite. Denn die hochkarätige Besetzung versprach: Wir regeln das allein. Beginnend Ende der 1990er-Jahre, wurde zügig eine Reihe durchaus richtiger, allerdings im Prinzip leicht zu erfüllender, teils fast selbstverständlicher Leitlinien zu Berichtspflichten und zum Umgang mit Interessenkonflikten erarbeitet. Die großen Konflikte aber wurden ausgespart. So zum Beispiel auch der Bereich der Vorstandsverträge, der Einkommen, der Bonussysteme und der Abfindungen.

Reichlich spät, erst 2007, als die öffentliche Wut über die ständig überproportional ansteigenden Vorstandsbezüge und enormen Abfindungen nicht mehr zu übersehen war, entschied sich die Kommission, hier tatsächlich ein Zeichen zu setzen. Es war nur leider ein klar falsches, nämlich das einer einseitigen, deutlichen Parteinahme für die alten Verhältnisse und ohne jede Rücksicht auf die Gefühle für Fairness und Gerechtigkeit der Öffentlichkeit. Die Vorschläge ließen jegliche Einschränkung vermissen. Man empfahl beispielsweise Obergrenzen von Abfindungen bei fristloser Trennung, also bei totalem Versagen noch von bis zu zwei Jahreseinkommen! Das sind oft einige Millionen – bei Erfolglosigkeit!? Einem Menschen mit gesundem Gerechtigkeitsgefühl ist das nicht vermittelbar, die Ausgewogenheit fehlt völlig, der Eindruck der Selbstbedienung einer in sich verwobenen Managerschicht überwiegt.

Bei einem geeigneten Gegengewicht etwa in Form eines externen Beirats und ausgewogener Diskussionskultur wären es wohl eher zwei Monatsgehälter statt der zwei Jahresgehälter geworden. Vor allem aber hätte die Mitarbeit durch Externe und Andersdenkende klargemacht, dass den Anfang aller rechtlichen Problematik Fehler im Anstellungsvertrag markieren. Schon hier müssen Grundsätze einer werteorientierten Entlohnung so geregelt werden, dass sie den

Gesetzen »gefühlter Gerechtigkeit« entsprechen. Es ist ja richtig, dass die Höhe der Vorstandsgehälter wenig Wirkung auf den Gesamtgewinn eines Konzerns hat, in dem Zehntausende oder Hunderttausende arbeiten, aber für die Motivation der Mitarbeiter, für die soziale Balance im Unternehmen – und schlicht aus Anstand – ist ein als gerecht empfundenes System extrem wichtig.

Das zu beachten ist die Pflicht jedes guten Aufsichtsrats. Ist es einem Karl-Gerhard Eick, der vom Aufsichtsrat zur Sanierung unter anderem des Versandhauses Quelle aus einer anderen Vorstandsposition abgeworben wurde, vorzuwerfen, dass man ihm einen Vertrag gab, der die Möglichkeiten einer echten Sanierung durch Zerschlagung ausschloss und dass ihn der Insolvenzverwalter nicht weiter beschäftigen wollte? Soll man dem ehemaligen Postchef Klaus Zumwinkel übel nehmen, dass er sich seine Pensionsansprüche von 20 Millionen (!) Euro auszahlen ließ? Hinter diesem Verhalten, legitimiert durch Verträge, steckt primär ein eklatantes Versagen von Aufsichtsräten – und damit ein Versagen auch der Kommission, die für deren Arbeit Selbstverpflichtungen festzulegen hat. Eine Selbstverpflichtung muss ethisch hochstehend und wirksam sein. Sonst ist sie wertlos, ja sogar schädlich, denn sie gaukelt eine vermeintliche Wirksamkeit nur vor und höhlt unter diesem Schutz letztlich ihren Zweck sogar aus. Wirkungslose Selbstverpflichtungen sind schlicht ethischer Verrat.

Ein wirksamer Wertekodex – durch den Mut einer Frau

Nicht immer allerdings sind »Selbstverpflichtungen« zu weich und erfolglos. Manchmal genügt es, wenn der politische Druck anstößt und mit Mut Zeichen gesetzt werden. Eine vorbildliche »Selbstverpflichtung« eines Wirtschaftsverbandes – ausgerechnet aus den USA – ist für mich das nachfolgend beschriebene Beispiel, erreicht durch den Mut und die Durchsetzungskraft einer von ethischer Überzeugung geleiteten Frau – und reichlich Dialog mit Firmen und Kundenkreisen.

Mit Begeisterung erinnere ich mich an eine historische Sitzung im edlen Fairmont-Hotel in Washington. Ich war Mitglied des Vorstands des Industrieverbandes Medizintechnik AdvaMed der USA, der alle großen Firmen und die meisten der hier besonders zahlreichen kleineren Firmen der Medizintechnik der USA zusammenfasst.[15]

Es herrschte eigenartige Stille im Raum, ganz untypisch für die 35 Industrievorstände, die immer etwas zu flüstern hatten und hier das »Board« der Organisation, das oberste Organ, bildeten. Zwei Stühle langjähriger Mitglieder waren leer, und wir wussten, sie würden leer bleiben, auch in der nächsten Sitzung. Es ging um den neuen »Code of Ethics«, den Wertekodex der Branche. Die Geschäftsführung hatte sich dafür stark gemacht, da dies dem Ruf und der gesellschaftlichen Verpflichtung der Branche besser entspräche, als die Dinge einfach so treiben zu lassen. Es ging darum, dass sich gerade Ärzte gerne die Zusammenarbeit mit der Industrie versüßen ließen mit Kongressreisen, teuren Flügen, Seminaren in Luxushotels und sogar persönlichen Zuwendungen und hohen Beraterhonoraren bis hin zu Erfolgsprovisionen. Es war ein Sumpf. Und hier lag nun nach mehrjährigem zähen Ringen der Vorschlag eines neuen Wertekodex zur Abstimmung bereit, der all dies beenden sollte. Von einer Fachgruppe im Laufe von zwei Jahren erarbeitet, begleitet von Vorschlägen und zahlreichen Kommentaren der Mitglieder und seit zwei Jahren in fast jeder Board-Sitzung diskutiert, war der »Code of Ethics« nun beschlussreif. Er verpflichtete die Mitgliedsfirmen zur Einhaltung, zu »sauberen« Geschäftspraktiken – was zwangsläufig bei vielen die Angst ausgelöst hatte, im Konkurrenzkampf zu unterliegen. Zu sehr waren die bisherigen Sitten, Ärzte und Assistenten mit Geldzuwendungen, Provisionen und »Forschungsunterstützung« wohlgesinnt zu machen, verinnerlicht. Die neuen strengen Regeln waren das Ergebnis eines historisch mutigen Schritts von Pamela G. Bailey, einer energischen Frau und Geschäftsführerin des Verbandes, bei der Senatoren, Abgeordnete und Lobbyisten ein und aus gingen und sich Rat holten – oder sich auch zum Wohle der Industrie beeinflussen ließen. AdvaMed ist ein starker Lobbyverband, aber die AdvaMed-Mitgliedsfirmen verpflichteten sich mit diesem Tag zu mehr Fairness im Wettbewerb um das Wohlwollen der Ärzte, Kliniken und Universitäten, ihrer Kunden. Der »Code of Ethics« wurde ohne Gegenstimmen angenommen, wenngleich einige Firmen aus Protest aus dem Verband austraten. Aber später zwang die Forderung öffentlicher Auftraggeber, den Code zu beachten, auch sie zurück in die Mitgliedschaft. Es ist eines der seltenen Beispiele, wo der Mut einer einzelnen Persönlichkeit das Fehlen externer Korrektive überspielt hat – ein Erfolg, der von innen heraus gelang.[17]

Welch ein Gegensatz zu einem der normalen »Verbände«, diesen Lobbyorganisationen, deren Hauptzweck das Abwehren jedes Ordnungsrahmens und das Festhalten am Alten ist. Als ich den Hauptgeschäftsführer des deutschen Industriedachverbands BDI auf seine Möglichkeiten ansprach, sandte er – immerhin einige Zeit Umweltminister im konservativen Bayern – seine »Nachhaltigkeitsbeauftragte« zum Gespräch. Ihre Botschaft: Alles, was wir tun und empfehlen können, muss »freiwillig« sein. Hier war sie wieder, diese Verehrung einer unverstandenen Freiheit, des geistigen Ausblendens der Bedeutung eines guten Ordnungsrahmens. Gerade als Dachverband kann man seine circa 400 Mitgliedsverbände anhalten, die gesellschaftliche Debatte zu führen und daraus Verhaltensregeln und Ziele zu erarbeiten: mit Mut und dem Wissen, dass sich Werteorientierung und Langfristigkeit auszahlen und die Debatte um die Inhalte eines guten Wertekodex mit Engagement geführt werden sollte.

Verpflichtender Wertekodex – ein klares Bekenntnis

Es ist die Stärke eines Wertekodex, im obigen Beispiel dank einer mutigen Geschäftsführerin sogar ohne externen Beirat, Regeln auch außerhalb der Gesetzgebung festzulegen, die alle zu beachten haben. Gelingt das flächendeckend, hat keines der beteiligten Unternehmen Nachteile, allerdings schmelzen auch die Vorteile einseitig rauer Geschäftssitten schnell dahin.

Ein Wertekodex mit Tiefgang für jede Branche wäre das oberste Ziel jedes Bemühens um Koordination und Wohlverhalten. Neu ist die Idee nicht, ein beliebtes Feigenblatt, aber ungeliebt, wenn es wirklich um Einschränkungen der Freiheit, also um die eigentliche Aufgabe eines Kodex, geht. Überraschend ist deshalb, dass kürzlich sogar einer der deutschen Mittelstandsverbände die gesetzliche Pflicht zum Wertekodex gefordert hat. Und Deutsche-Bank-CEO Ackermann plädierte nicht nur kurz vor der für ihn wohl schon sichtbaren Finanzkrise dafür, die Regeln für Boni und für die Transparenz bestimmter Finanzprodukte in einem Wertekodex des IIF – des Weltverbands der Geschäfts- und Investmentbanken[18] – festzuschreiben. Beides waren zunächst erfolglose Vorstöße, obwohl die internationale Politik gerade in dem zweiten Vorschlag eine wichtige Ordnungskomponente für die Neuordnung der Finanzwelt hätte erkennen können. Aber das Ziel eines Wertekodex wird dem Vernehmen nach vom IIF weiterverfolgt, vielleicht begreift man ihn eines Tages nach dem Scheitern zu detaillierter internationaler Regelungsversuche doch noch als einen guten Weg zu einem wirksamen Ordnungsrahmen. Hoffentlich vor der nächsten Finanzkrise. Denn die alten Unsitten kehrten mit erschreckendem Tempo zurück.

Weder zahnlose Selbstverpflichtungen, »unehrliche« Wertekodizes, noch klassische Kommissionen bringen also Antworten. Zu all dem liegen genug schlechte Erfahrungen vor. Aber es gibt Gegenbeispiele, wie die eines mutigen Verbandes und insbesondere das Modell der betrieblichen Mitbestimmung, das durch den unterschiedlichen Blickwinkel der Gesprächsteilnehmer oft Antworten mit hoher Wirksamkeit und Durchsetzungskraft findet.

Auch wenn die obigen Beispiele kontrastieren, sie machen klar, wie neben der reinen – und eben begrenzten – Staatsmacht ein selbstständig lebendiger Ordnungsrahmen nur funktionieren kann, wenn wir einen ausgewogenen Dialog zwischen Kräften der Macht und Gegenkräften der Kritiker und Andersdenkenden erreichen. Der gesellschaftliche Dialog würde den heute unzureichenden Ordnungsrahmen der Märkte erweitern und zu einer neuen »Balance of Power« führen.

Diese Balance, diese Ausgewogenheit der Kräfte ist die Stärke des innerbetrieblichen Entscheidens mit Betriebsräten, es ist die Stärke der innerbetrieblichen Mitbestimmung. Die Unternehmensleitung macht ihre Pläne, aber wenn die sozial wichtige Konsequenzen haben, folgt die systemimmanente Diskussion mit den Vertretern der Belegschaft, und so kommt, wie erwähnt, eine ernsthafte und weitreichende Mitbestimmung in Gang. Ich will nicht behaupten, dass mir in meiner Tätigkeit als Vorstand diese Mitbestimmung immer angenehm war. Aber sie hat meine Akzeptanz erobert, weil sie eine Diskussion auf hohem Niveau mit Respekt für die Ziele beider Seiten ermöglicht.

Der Gedanke, mit einem ähnlichen Dialog- und Mitbestimmungsmodell Einfluss auf die Entgleisungen der Marktwirtschaft zu nehmen, hat Reiz. Er ist ungewohnt, neu, aber er könnte die Antwort sein, wenn sich Analogien auf die Probleme unserer Marktwirtschaft übertragen ließen. Fühlen wir also wie die »Mitarbeiter« in Unternehmen, die über ihr Schicksal mitbestimmen wollen, fühlen wir als die, die von den Entscheidungen betroffen sind, um zu überlegen, wie wir mit den Akteuren der Marktwirtschaft zu einem geordneten, zu einem mitbestimmenden Dialog, zu einer echten Mitbestimmung kommen könnten.

Werte*orientierte* Marktwirtschaft

Prolog: Werteorientierung von Unternehmensgruppen

Wertekodizes sind häufig trivial. Jeder kennt die zahlreichen Labels und Zertifikate, hinter denen jeweils ein »Wertekodex«, also ein Qualitätsversprechen von Unternehmern, steht. Aber längst wurde aus dieser wichtigen Komponente der Verbraucherinformation eine Unsitte: Allein im Lebensmittelbereich habe ich, wie gesagt, über tausend Labels gezählt, eine unüberschaubare Anzahl, die den Verbraucher verwirrt und die nach politischer Ordnung ruft.

Die Qualität all dieser Labels ist fast immer fraglich und ebenso, wer sie kontrolliert. Die Unternehmen sehen sie als Hinweis, dass man an der vom Verbraucher erwarteten Werteorientierung nicht vorbeigehen will, versprechen beispielsweise vorbildlich klimaschonendes Verhalten – und verlangen am Ende höhere Preise. Es ist eine Werteorientierung, die teils durchaus zu respektieren und keineswegs immer wertlos ist. Da sich aber nicht alle Unternehmen einem Wertekodex unterwerfen und die Qualität der Labels oft fraglich ist, bleibt die Wirkung auf die Kultur der Marktwirtschaft insgesamt gering.

Werteorientierung und Werteregulierung

Nur als für alle Unternehmen und Unternehmer geltende Pflicht kann das Instrument des Wertekodex zu einer systemverändernden – einer umfassenden Werteregulierung einer Branche werden. Das im vorigen Kapitel gezeigte Beispiel AdvaMed der amerikanischen Medizintechnik zeigt, wie eine einzelne Branche selbst viel bewegen kann, von flächendeckender Anwendung in allen wesentlichen Wirtschaftssektoren sind wir natürlich noch weit entfernt. Dazu fehlen die politischen Voraussetzungen, um die es im nächsten Kapitel geht. Aber es gibt schon jetzt zahlreiche Zusammenschlüsse von Unternehmensgruppen, die zwar nicht ganze Branchen abdecken, aber dennoch bereits eine deutlich verbesserte Werteorientierung der aktuellen Marktwirtschaft gebracht haben. Allerdings lässt die Qualität vieler solcher Wertekodizes – nach außen meist durch ein Label erkennbar – noch sehr zu wünschen über. Deshalb geht es in diesem Kapitel darum, wie ein qualitativ hochwertiger Wertekodex einer Unternehmensgruppe entstehen kann.

Es geht also um die gruppenspezifische Selbstverpflichtung durch einen Wertekodex, nicht um das Einzelunternehmen. Die Gruppe definiert ihre Leitlinien selbst. Zur Qualitätssicherung allerdings empfiehlt sich eine Mitsprache kritischer NGOs und eventuell auch beratender Regierungsstellen. Dies flächendeckend umzusetzen war die Idee, auch die der EU-Kommission, dort »Selbst-« und »Koregulierung« genannt, wie eingangs schon erwähnt.

Ablehnung durch Wirtschaftsverbände und Berufskammern

Natürlich bestand die Hoffnung, dass die führenden Wirtschaftsverbände dies als allgemeingültiges Instrument aufgreifen würden. Aber schon in der Einleitung habe ich geschrieben, wie dieser Gedanke von dort systematisch zerschossen wurde, übrigens auch von den Berufs- und Wirtschaftskammern. Die allerdings sind Körperschaften des öffentlichen Rechts und damit Teil des staatlichen Ordnungsrahmens. Und deshalb können wir ganz besonders die nicht aus der Pflicht entlassen, sich um die ethische Kultur ihres Mitgliederkreises zu kümmern. Denn dies meint der Gesetzgeber, wenn er in §1 des Gesetzes für die Industrie- und Handelskammern schreibt: »Die Industrie- und Handelskammern haben ... für Wahrung von Anstand und Sitte des ehrbaren Kaufmanns zu wirken.« Die meisten Gesetze für die anderen Berufskammern lauten analog. Der Text klingt zwar ein wenig altmodisch –

und »ehrbar« hat längst auch einen doppelzüngigen Ruf –, aber man weiß, was gemeint ist. Altkanzler Helmut Schmidt kommentierte, als man ihm den Begriff der »Corporate Social Responsibility« erläuterte: »Jetzt verstehe ich. Wir nannten das Anstand ...«

Obwohl von den großen Wirtschaftsverbänden also abgelehnt, zeigen bereits viele Unternehmensgruppierungen, wie man sich auf ethische Ziele festlegen kann. Ihr Erfolg zeigt, dass daran öffentliches Interesse besteht und ein verpflichtender Wertekodex enorme Reichweite hat. Stellvertretend nenne ich die großen Verbände der Biolandwirtschaft wie Demeter oder die vielen biologisch orientierten Regionalverbände.[19] Auch gibt es Selbstverpflichtungen von Teilen der Textilindustrie, der Teppichindustrie, des Kaffeeanbaus und der Bekleidungsindustrie. Bei diesen Konsumartikeln ist die öffentliche Aufmerksamkeit bereits hoch, während es in der globalen Produktion von Elektronik und Investitionsgütern noch enorme Defizite gibt. Dort sind große Sünden im Umweltschutz, im Arbeitsschutz und bei den Sozialstandards an der Tagesordnung.

Die Mindeststandards sind definiert

Die Definition von ökosozialen Mindeststandards hat in den letzten Jahren erhebliche Fortschritte gemacht. Der von der Bundesregierung eingesetzte Rat für nachhaltige Entwicklung[20] hat den sogenannten Nachhaltigkeitskodex definiert, eine übersichtliche und praxisnahe Auflistung der entscheidenden Punkte.[21] Zuvor entstand die Global Reporting Initiative (GRI), die aus dem Bereich der Wirtschaftsprüfer kommt und ein transparentes Berichtswesen auch für Themen der Nachhaltigkeit einfordert.[22] Dem voran ging ein von den Vereinten Nationen definierter Standard unter dem Namen »Global Compact«, auf den sich weltweit schon Tausende von Firmen verpflichtet haben.

Vor einigen Jahren wurde nun die Weltnorm ISO 26.000 verabschiedet als internationale »Norm« für ökosozial wichtige Standards. Trotz ihres Umfangs, dessen Verdichtung auf die einzelne Branchen Erfahrung und Zeit braucht, wird sie von manchen Unternehmen schon so gut verstanden, dass sie zum praktischen Arbeitsinstrument wurde. Sie definiert, wann ein Unternehmen als gesellschaftlich verantwortlich angesehen werden kann mit global angewendeten Mindeststandards in den Bereichen Menschenrechte, Arbeitspraktiken, Umweltschutz und Verbraucherschutz. Und die Norm fordert faire Betriebs- und Geschäftspraktiken sowie die Einbindung der Gemeinschaft aller Stakeholder, aller Beteiligten im nationalen und internationalen Verbund.[23]

Mitbestimmung sichert Qualität des Wertekodex

Solche Standards sind gute Leitlinien für Unternehmen und Wirtschaftssektoren. Dabei ist die im vorherigen Kapitel beschriebene Mitbestimmung durch externe Mitsprache eine wesentliche Unterstützung für einen ernst zu nehmenden Wertekodex. Externe Mitsprache sichert nicht nur, dass auch unangenehme und verteuernde Komponenten in einen Wertekodex einfließen, sie führt auch zu einer besseren Überwachung. Denn die werteorientierten NGOs der Zivilgesellschaft sind heute durchaus von Insidern und Branchenkennern durchsetzt. Es gibt nicht nur einen Edward Snowden, es gibt Tausende, denen man aber die Möglichkeit geben muss, ihren Ombudsmann zu finden und vertraulich zu berichten. Das ist ein notwendiges Kernelement der Selbstregulierung.

Hier ist der VW-Abgaskanal ein besonders klares Beispiel. In ein Vergehen solchen Ausmaßes waren selbstverständlich viele Personen involviert, von denen manche schon lange bereit gewesen wären, dem Automobilverband VDA oder dem europäischen Verband ACEA darüber zu berichten, wenn er denn eine vertrauliche Ombudsstelle gehabt hätte. So aber konnte eine einzelne Fehlentscheidung zum Flächenbrand einer Branche werden. Und nun werden die Firmen gejagt. Die verantwortlichen Personen allerdings blieben bisher weitestgehend geschont, zumindest in Europa. Zum Zeitpunkt der Neuauflage jedenfalls ist keine einzige Verhaftung eines Verantwortlichen in Deutsch-

KAPITEL III

land bekannt trotz der dramatischen Dimension des Betrugs und des Umweltschadens. Nur eine Verhaftung in USA von einem, der trotz dortiger Fahndungsliste nach Florida in Urlaub fahren wollte. Gerade dieses Beispiel – wie auch das der Finanzkrise – zeigt, wie schwach die Verfolgung einzelner Verantwortlicher bei uns ist. Dazu mehr am Schluss dieses Kapitels.

Oberflächliche Medien

Zur Sicherung von Qualität und Durchsetzung eines Wertekodex gehören selbstverständlich auch die Medien. Fehlentwicklungen der Marktwirtschaft aufzuzeigen ist eine ihrer Stärken. Aber überraschend für mich war, dass die vielen Rezensionen über *BurnOut* zeigten, dass Journalisten oft nur oberflächlich lesen und meinten, es handele sich um ein weiteres Buch über die Wirtschaftsethik von *Unternehmen*. Aber in diesem Buch geht es um die Haltung von Unternehmensgruppen zur Wirtschaftsethik, also um die Wirtschaftsverbände und Wirtschaftskammern, in denen sich Unternehmen zusammenschließen. Sie sind es, die die Festlegung eines Regelungsrahmens organisieren können – und sie sind es, die die Regeln auch durchsetzen können. Sie können sich wandeln vom reinen Lobbyisten zum Wächter des Regelrahmens.

Natürlich weiß ich, dass das Image der meisten Wirtschaftsverbände und auch Wirtschaftskammern miserabel ist, aber gerade das schließt einen Kulturwandel nicht aus – im Gegenteil, es fordert ihn geradezu ein. Allerdings sind eine starke Führung, eine entschlossene Mitgliedergruppe Voraussetzung für diesen Wandel, eines Tages auch in Deutschland hoffentlich begleitet vom Druck des Gesetzgebers.

Zusammenfassung: Das Konzept einer werteregulierten Marktwirtschaft ist nicht nur intakt, die Voraussetzungen zur Umsetzung haben sich sogar erheblich verbessert. Die Zahl funktionierender Selbstverpflichtungen von Unternehmensgruppen nimmt zu, die Werteorientierung der Marktwirtschaft ist gestiegen, nur von einer Flächendeckung und von hoher Qualität all der Labels und Zertifikate sind wir noch weit entfernt.

Bei all diesen Konzepten ist die Mitsprache der Zivilgesellschaft als Qualitätssicherung besonders wichtig, denn das gleicht aus, was der Staat nicht vorgeben kann, was Detail ist oder kontinuierlich mit der Praxis gehen muss. Eine ökosoziale, also auch auf Nachhaltigkeit ausgerichtete Marktwirtschaft braucht diese Dualität, denn der »Staat« wird nur selten wirklich problemnah und praxisgerecht regeln, von seinen Abhängigkeitsproblemen einmal ganz abgesehen.

Die Resolution der Konferenz von Rio vor mehr als zwei Jahrzehnten sagte bereits, dass der »Staat« allein nicht genügt, zumal in einer global vernetzten Wirtschaftswelt. Agenda 21 war eine der Konsequenzen, allerdings mit sehr beschränkter Reichweite. Es ist diese ausgleichende, teils widersprechende Mitsprache, mit der unser Gesellschaftsmodell besser auf den Schutz unserer Ressourcen und auf Generationengerechtigkeit eingestellt und ein funktionierender Ordnungsrahmen zu nachhaltigem Handeln geschaffen werden kann. Es entsteht ein neues, ein höheres Niveau der Wertesicherung, um das es hier geht, ein »Plateau 3« der Marktwirtschaft, wie ich es in meinem ersten Buch genannt habe: eine Mischung aus staatlichem Rahmen und gruppenspezifisch organisierten Regelungen zur Sicherung der ökologischen Komponente der sozialen Marktwirtschaft.

Der Wertekodex von Unternehmensgruppen

Die Schlagworte »Verhaltenskodex« und »Wertekodex« haben den Nachteil, dass sie durch Missbrauch und oft oberflächlichen Gebrauch auch Skepsis erzeugt haben. Dennoch sollte man sich nicht irritieren lassen: Ernsthaft gebraucht, ist gerade »Wertekodex« das richtige Wort. Es ist der umfassendste Begriff für eine Zielvereinbarung, die sich auf gesellschaftlich wichtige Verhaltensregeln und Werteziele bezieht. In ihm können Einschränkungen der Produktpolitik, Pflichten der Produktkennzeichnung, Leitlinien für Bonussysteme sowie Exportregeln und Normen für globale Fairness genauso festgehalten werden wie Regeln zur Führungskräfteberufung, zur Auditierung oder zur Sanktionierung von Fehltritten. »Wertekodex« beschreibt eine Orientierung, hinter der der Inhalt leben und sich verändernden Anforderungen flexibel anpassen kann. Er eignet sich letztlich für jede Organisation, soll er im Wirtschaftsleben allerdings verbindlich sein, schränkt er sich auf nationale und europäische Gültigkeit ein, konform zu den gesetzgebenden Organen des Wirtschaftsgeschehens.

Wie erwähnt, sollte ein Wertekodex aus einem Dialog entstehen, was noch kaum üblich ist. Das vorhergegangene Kapitel hat gezeigt, dass allzu oft nur innerhalb der Organisation, also mit ähnlichem Gedankengut, diskutiert und ohne die externe Stimme diskutiert wird. Aber nur sie kann wirklich zu einer Ausgewogenheit führen, genau wie eben das Modell der betrieblichen Mitbestimmung durch Betriebsräte. Dieser ausgewogenere, mitbestimmte Dialog ist es, der die Erarbeitung eines Wertekodex interessant macht, ihm Tiefgang geben kann. Üblich ist er noch nicht. Aber bei der Suche nach Konsens zwischen Marktwirtschaft und gesellschaftlichen Forderungen bietet er sich als das logische Instrument an.

Mitsprache, Dialog will natürlich gelernt sein, zu sehr liegen die beiden Welten der werteorientierten Zivilgesellschaft und der Akteure der Marktwirtschaft noch auseinander. Nur wer bereit ist, auf den anderen zuzugehen, seinen Blickwinkel, seine Motive und seine

Möglichkeiten zu verstehen, kann erfolgreich sein. Und Dialog ist Mühe, sowohl von seinem Zeitbedarf her wie auch durch das unterschwellige Wissen, eigene Einstellungen verändern und autoritär selbstbezogenes Handeln einschränken zu müssen. Für den Gedanken einer Mitsprache muss zunächst also geworben und auch gekämpft werden. Es wird Widerstände geben, schon weil das Grundsätzliche dieser Veränderung viele erfahrene Wirtschaftler sofort erkennen und eine echte »Mitbestimmung« als eine Einschränkung ihrer Freiheit fürchten.

Aber der Gedanke der Mitbestimmung der Zivilgesellschaft im Wirtschaftsgeschehen steht als natürliche Weiterentwicklung bereits bestehender, aber unverbindlicher Gesprächsrunden im Raum und etabliert sich mehr und mehr als eine neue Kraft zwischen Staat und Gesellschaft, eine starke Kraft gegen zu viel Staatsdirigismus.

Realistisch muss dieser Weg als Kraft aus der Gesellschaft kommen, eingefordert wird er vom Staat (noch) nicht. Eine verstärkte Mitsprache, eine Mitbestimmung der Zivilgesellschaft bei der Steuerung gefährlicher Marktkräfte bietet sich mit Blick auf das reale Wirtschaftsgeschehen aber fast zwangsläufig an. Die Stärke der betrieblichen Mitbestimmung haben wir eingangs diskutiert. Eine Übertragung dieser Erfahrungen liegt nahe auch für Steuerungsprobleme der Marktwirtschaft. Die betriebliche Mitbestimmung empfiehlt dazu rückblickend als ihre Erfolgsfaktoren:

- den Ursprung aus einer starken Protestbewegung, die sich schließlich koordiniert,
- den dadurch durchgesetzten gesetzlichen Rahmen,
- einen dauerhaften Mitsprachekreis, der »Bescheid weiß« (analog Betriebsräten und Gewerkschaften),
- ein Instrumentarium von Druckmitteln wie Anhörungsrechten, Ausschüssen und Verzögerungsrechten,
- Unterstützung durch zumindest einige der politischen Parteien
- und Vermeidung von Proporz und »Funktionärsdenken«.

Das scheinen durchaus erfüllbare Bedingungen auch für eine generellere Steuerung der Märkte zu sein. Die »Rädelsführer« der werteorientierten und kritischen Teile der Gesellschaft sind bekannt, sie agieren bereits durch »Mitsprache«. Denn im heutigen Kampf um die Werteorientierung drückt sich die Unzufriedenheit vieler längst in zahlreichen Initiativen, in einer breit organisierten Zivilgesellschaft – den Non-Government Organisations oder NGOs – aus, die den früheren aufbegehrenden Arbeiterbewegungen nicht im Thema, aber wohl in der Unzufriedenheit und im Veränderungswillen vergleichbar sind. Allein der Deutsche Naturschutzring, der Dachverband von über achtzig Naturschutzverbänden, hat heute mit 5,7 Millionen mehr Mitglieder als alle Parteien in Deutschland zusammen und ist in seiner Größe durchaus vergleichbar dem Deutschen Gewerkschaftsbund mit 6,5 Millionen Mitgliedern.

Deren politische Stimme ist kaum mehr überhörbar, aber trotz dieser beachtlichen Größe ist die Mehrzahl der kritisch eingestellten NGOs heute weder koordiniert, noch räumt ihr der Gesetzgeber wesentliche Rechte ein. Ähnliches erlebte einst die Arbeiterschaft. Deren Unruhe führte dann zur Forderung kontinuierlicher Mitsprache und damit zur Idee der Betriebsräte und Mitbestimmung – als Gegengewicht zur Unternehmensleitung. Und genauso könnten die NGOs das dialogfähige Gegengewicht im Kampf um Nachhaltigkeit und Werte werden: Ausgewählte Repräsentanten der entsprechend werteorientierten NGOs würden so einem »Betriebsrat« – einer systemimmanenten Vertretung der Gesellschaft gegenüber den Wirtschaftsbranchen – entsprechen.

Mich faszinierte dieser Gedanke und viele aus meinen Diskussionskreisen auch. Die Analogien zur sozialen Situation in der Großindustrie des ausgehenden 19. Jahrhunderts sind offensichtlich: eine breite, aber unkoordinierte Unzufriedenheit, ein unwilliger Gesetzgeber, komplexe unterschiedliche Situationen, aber ein gemeinsames Thema. Wie also ließe sich das obige Modell der betrieblichen Mitbestimmung übertragen auf eine *Mitbestimmung der Zivilgesellschaft*?

Skeptiker mögen nun einwerfen, die Situation sei nicht vergleichbar. Ihnen kann man entgegenhalten, dass auch damals trotz unterschiedlicher Auffassungen im betrieblichen Alltag der Unternehmenssteuerung eine Diskussions- und Mitsprachekultur entstand. Über die Stärke, den Einfluss und die Veränderungskraft von Betriebsräten und Gewerkschaften lesen wir heute fast täglich in den Zeitungen. Ohne diese Gegenkraft würde im innerbetrieblichen Sozialbereich oft der nackte Kapitalismus herrschen, mit »Hire and Fire«, mit Willkür und – wie es so schön genannt wird – sozialer Kälte, je nach Unternehmertyp. So aber werden notwendige Veränderungen weicher, sozialer, konsensfähiger umgesetzt bei einer insgesamt dennoch erfolgreichen Wirtschaft. Man erstreitet eine Betriebsvereinbarung, einen Sozialplan oder einen »Interessenausgleich«, wie die ausgehandelten Vereinbarungen zu strittigen Sozialfragen offiziell genannt werden. Dieses Modell mitbestimmter Vereinbarungen müsste sich genauso auf die Marktsteuerung von kritischen Wirtschaftsbranchen übertragen lassen. Man käme branchenintern zu einer Dialogrunde zusammen, in der unterschiedliche Positionen diskutiert werden. Dann einigt man sich nach zähen Verhandlungen auf eine Wertefestlegung hinsichtlich themenbezogener Teilaspekte oder einen Gesamtkodex, verpflichtend für jede Unternehmensleitung der Gruppe oder auch der ganzen Branche.

Der branchenspezifische Wertekodex – CSR der Branchen

Nachhaltigkeits- und gesellschaftlich wichtige Werteaufgaben, die ein Wertekodex umreißen soll, werden dabei am besten branchenspezifisch diskutiert. Es geht also nicht um einen die gesamte Wirtschaft umfassenden »Wirtschafts- oder Nachhaltigkeitsbeirat«, sondern um ein spezifisch auf einen Wirtschaftssektor ausgerichtetes Instrumentarium. Das ist im ersten Moment nicht selbstverständlich, aber niemand wird die Problemstellungen der Energiewirtschaft, der Finanzwelt, der Nahrungsmittelindustrie oder der Unterhaltungsindustrie ernsthaft über einen Kamm scheren. Die Forderungen an diese Branchen differieren gewaltig, weisen jeweils nur eine geringe Überlappung auf. Trotz einiger Gemeinsamkeiten hat letztlich jeder dieser Wirtschaftszweige unterschiedliche Werteprobleme und auch unterschiedliche Hebel für Lösungen aus dem Blickwinkel der Nachhaltigkeit und Wertesicherung. Deshalb würde eine die gesamte Wirtschaft allumfassende Dachorganisation den anstehenden Aufgaben allein nicht gerecht werden. Gerade bei den großen Themen des Klimaschutzes und des globalen Ausgleichs sind branchenspezifisch erhebliche Möglichkeiten gegeben, die allerdings meist nur mit dem Gegendruck durch die Zivilgesellschaft durchzusetzen sind.

Nun hat das Wort »Mitbestimmung« im Fachjargon der Wirtschaft eine hier nicht hilfreiche Färbung als Gewerkschaftsinstrument. Denn es verbindet sich – auch über den Namen des Gesetzes – mit der gewerkschaftlichen Stärke in deutschen Aufsichtsräten. Diese Art von Mitsprache meine ich nicht, zumindest nicht in der extremen deutschen Ausprägung, sondern die eigentliche Mitsprache der Belegschaft, die durch die gewählten Betriebsräte stattfindet und die im sogenannten Betriebsverfassungsgesetz geregelt ist und die zu einer meist praxisnahen und ideologiefreien Mitsprache führt. Dies, auf die Steuerung ganzer Wirtschaftsbranchen übertragen, kann das schlussendliche Ziel eines solide durchgearbeiteten und allen als verpflichtend zumutbaren Wertekodex am besten erreichen. Nur dann kann der Kodex europaweit oder zumindest national für sich in Anspruch nehmen, als Werteorientierung eines Wirtschaftssektors zur Regel zu werden und ein Ordnungsrahmen zu sein, der Exzessen aus der Branche heraus vorbeugt. Hierzu einige Beispiele auf der nächsten Seite.

Ende 2009 wurde der Nobelpreis für Wirtschaftswissenschaften an zwei im ersten Moment scheinbar unabhängige Preisträger vergeben, die das indirekt unterstreichen. Da war zum einen die Amerikanerin Elinor Ostrom, die sich mit der erfolgreichen Verwaltung von »Gemeinschaftsgütern« befasste – zum Beispiel seit Jahrhunderten gemeinsam genutztem Weideland oder Wasserversorgungseinrich-

Branchenkodex (beispielhafte Inhalte)

Incentive-Motivation

Energiesektor
- Incentive-Verbote:
  fossile Energieförderung;
  Aktienwert, Umsatz und Profit
- Umstellungsmotivation:
  alternative Energien;
  Effizienz;
  Dezentralisierung

Architekten und Immobilienbereich
  Footprint-Minimierung;
  Null-Energiekonzept;
  Boden-, Wasser- und
  Ressourceneffizienz

Finanzsektor
- Incentive-Verbot:
  Aktienwerte und Profite;
  Bilanzierungsoasen;
  Steueroasen
- Umstellungsmotivation:
  langfristige Stabilität;
  industrielle Umstellungsförderung;
  nachhaltige Investments

Ökosoziale Produktbeurteilung
- Ressourceneffizienz
- Rohstoffgleichgewichte
- ökologische Bodennutzung,
  Bodenschonung
- Schutz von Regenwald und
  Biodiversität

Nullemission Klimagase
- Zieldefinition und Hebel
- Maßnahmenprogramm
- Roadmap und Koordination

Werbung und Vermarktung
- Einschränkung von Verführung und Verschwendung
- Wertebeeinflussung der Heranwachsenden
- Effizienzmotivation der Verbraucher

Der Branchenkodex definiert den Ordnungsrahmen jeder Branche zur ökosozialen Wertesicherung (Beispielinhalte für Klimaschutz, ökosoziale Grundaus-
richtung und Produktregeln).

---

tungen – und die zeigen konnte, dass solche Gemeinschaften meist
auch ohne »Staat« in der Lage waren, sich gut zu organisieren, ja die
gemeinsame Nutzung sogar erfolgreicher umsetzen konnten als mit
staatlichen Vorgaben. Allein schon das Bewusstsein der gegenseitigen
Beobachtung und Kontrolle sorgte für enorme Disziplin, von der besseren Praxisgerechtigkeit ganz zu schweigen. Der zweite Preisträger,
Oliver Williamson, befasst sich mit Themen der Governance, also

der Unternehmensführung, und insbesondere mit den sogenannten Transferkosten. Das sind die Kostenerhöhungen, die entstehen, wenn die Wertschöpfung in Märkten zu sehr aufgeteilt und zwischen zu vielen unterspezialisierten Firmen hin und her geschoben wird, bis ein Produkt den Kunden erreicht. Klar, dass hinter diesen Kosten enorme Ressourcenverschwendungen stehen, die sich durch bessere Zusammenarbeit vermeiden ließen. Die Angst vor Preisabsprachen und Kartellen ist also nur eine Seite der Medaille, Zusammenarbeit kann auch enorme Effizienzgewinne schaffen. Die Preisverleihung zeigt eindrucksvoll die denkbare Breite von brancheninterner Koordination und tragfähiger Selbstverwaltung. Der Wertekodex bietet sich dabei als bewährtes Instrument gemeinschaftsorientierter Vereinbarungen an.

Das früher mehrfach erwähnte Beispiel AdvaMed gibt dazu Anregung, beleuchtet aber letztlich nur einen kleinen Teil der gesellschaftlich wichtigen Themen in der Medizintechnikbranche. Ein vollständiger Kodex einer Branche würde viel weiter gehen, würde das gesamte Spektrum der gesellschaftlich bedenklichen Grauzonen umfassen. Pflichtthemen wären hier sicher die Definition der gesellschaftlichen Aufgabe des jeweiligen Wirtschaftssektors, sein Beitrag zu Ressourcengleichgewicht und zur Abwehr des Klimawandels, zur globalen Fairness und so fort. Hinzu kämen so schwierige Themen wie die Vermeidung von Verschwendung und Ineffizienz, von überhitztem Wachstum, von Überkapazität oder überzogenen, manipulativen Konsumanreizen durch Marketing und Produktdesign. Die von der UN geförderten Normen des Global-Compact-Verbundes zu Nachhaltigkeit und Humanität und den ILO-Empfehlungen zur global fairen Arbeitswelt oder die erwähnte ISO-Norm 26.000 zur Sozialverantwortung der Unternehmen können zusätzlich für allgemeine, branchenunspezifische und -übergreifende Themen wichtige Anhaltspunkte sein.

Leider bieten sich als Dach dieser Koordinierung zunächst vor allem die Wirtschaftsverbände an. Leider deshalb, weil sie sich bisher primär als Verhinderer, mit vielen Versprechungen beschönigend und insgesamt wenig gemeinschaftsorientiert gezeigt haben. Aber es sind große und teure Organisationen, und sie auch für eine koordinierende Rolle zu gewinnen muss angestrebt werden. Andernfalls bedingt es neue Verbände, werteorientierte Zusammenschlüsse, deren Kraft die alten Lobbyverbände aushebelt. Viele solche Gruppierungen von Unternehmen sind ja bereits entstanden.

Aber das AdvaMed-Beispiel zeigt, wie ein führender Wirtschaftsverband sich durchaus selbst bindende Regeln geben, ja sogar unwillige Mitglieder ausgrenzen kann, um sich den gesellschaftlichen Erwartungen entsprechend durchzusetzen. Am Anfang steht zwar Freiwilligkeit, aber auch der Mut, sich als Wirtschaftszweig durch seinen Verband der Definition ethischer Erwartungen für das eigene Geschäft zu unterziehen.

Die aktuelle Krise der Marktwirtschaft ist durch die Komplexität der technologischen Innovationen und durch die Globalisierung enorm gewachsen. Global agierend, ist sie heute nicht mehr voll greifbar für den nationalen Staat, dessen politische Klasse zudem durch starke Abhängigkeit von der Wirtschaft ihre Kraft als neutrale Ordnungsmacht zunehmend einbüßte. Dabei genügt als Regelrahmen der klassische »soziale« Aspekt eben nicht mehr. Es geht ja um eine nachhaltig agierende, langfristig verantwortbare, eine ökosoziale Marktwirtschaft bei global unterschiedlichem Empfinden »gefühlter« Gerechtigkeit. Und die Egoismen sind ausgeprägt, sowohl die der Akteure wie auch die der Institutionen.

Die Selbst- und Koregulierung der EU-CSR-Strategie

Aus dieser kombinierten Schwäche von Marktwirtschaft und Staat entstand die Krise der sozialen Marktwirtschaft und mit ihr der Ruf nach verstärkter Kontrolle. Da liegt es nahe zu fragen, welche Beiträge auch die Organisationen der Wirtschaft selbst durch Regulierung bringen können, und zwar einerseits durch Selbstverpflichtungen von Unternehmen als Instrumentarium der sogenannten CSR als auch durch Unternehmenskooperationen, also koordiniertes Handeln in Unternehmenspartnerschaften, Verbänden und Kammern.

Die Europäische Kommission forderte, wie gesagt, solches Engagement zur Eigenverantwortung[24] und wollte es als »Selbst- und Ko-regulierung« fördern,[25] stieß aber auf den kontinuierlichen Widerstand der großen deutschen Verbände.[26] Kräftige Kritik der OECD an der deutschen Politik für die Missachtung dieser Alternative zum staatlichen Ordnungsrahmen war die Folge.[27] Es lohnt sich also, die starre Lobbyhaltung unserer Institutionen zu hinterfragen. Denn die Voraussetzungen für Selbstverpflichtungen von Unternehmensgruppen sind gut.

Flächendeckende Verbandsstruktur – gute Voraussetzung für Selbst- und Ko-Regulierung

Unsere Wirtschaft ist flächendeckend mit Institutionen durchsetzt, durch alle Branchen, freien Berufe und Rechtsformen. Das umfasst ca. 7.500 (!) Wirtschaftsverbände mit über 10 Millionen Mitgliedern, Selbstständigen und Unternehmen. 2000 dieser Verbände sind in der »Lobbyliste« des Bundestags registriert. Nur ein Teil davon ist an differenzierenden Labels, an Werteorientierung und an verbesserter gesellschaftlicher Akzeptanz interessiert. Dazu gehören laut Gesetz eigentlich alle Berufs- und Wirtschaftskammern, die mit gesetzlicher Mitgliedschaft und der Rechtsform der Körperschaft des öffentlichen Rechts mit selbstorganisierten Ordnungsfunktionen beauftragt sind. Praktisch umgesetzt wird das nur sehr vereinzelt.

Zwar steht im Vordergrund vieler dieser Gruppierungen heute der Gedankenaustausch und eben die Interessensvertretung, aber die große Zahl von 7.500 Wirtschaftsverbänden gibt eine gute Basis für Selbstverpflichtungen von Unternehmensgruppen über die Absichten von Einzelunternehmen hinaus.

In diesem breiten Umfeld gibt es durchaus schon heute Verantwortungsübernahme durch Unternehmensgruppen. Uns interessieren dabei die Gruppierungen, die sich in einem Verhaltenskodex, vielleicht auch mit einem Label auf werteorientierte »Versprechungen« festlegen. Gleich ob ein Biosiegel oder ein Nachhaltigkeitskodex, immer ist es ein Versprechen über besonderes Wohlverhalten. Zur Anzahl werteverbundener, institutionalisierter »Verantwortungspartnerschaften« der Wirtschaft gibt es statistisch keine validen Aussagen. Auf Basis der Ergebnisse einer Compliance-Studie für Unternehmen vom Januar 2013[28] lässt sich diese Zahl allerdings schätzen. Der Studie zufolge haben etwa 18 Prozent der befragten Unternehmen mit mehr als 500 Mitarbeiter Compliance-Strukturen implementiert, Tendenz steigend. Auf 7.500 Verbände übertragen, dürfte die Zahl der Verantwortungspartnerschaften insgesamt also über 1.500 liegen. Aus wettbewerbsrechtlichen Gründen ist die Integration eines Verhaltenskodex von Unternehmensgruppen in eine »Compliance-Struktur«, also einen registrierten Verband, übrigens zwingend geboten,[29] da es sich ja um Absprachen über den Marktauftritt handelt.

Selbstverpflichtung als Feigenblatt

Solche Selbstverwaltung als staatliche Regulierung ist naheliegend und – wie Elinor Ostrom, die erwähnte Nobelpreisträgerin für Wirtschaftswissenschaftlichen 2009 an historischen Beispielen gezeigt hat – auch erfolgreich, um »Commons«, gemeinsame Ziele, umzusetzen. Und es ist eine alte Forderung der Europäischen Union. Die Bereitschaft zur Selbstregulierung wird allerdings allzu häufig nur zur besseren Vermarktung instrumentalisiert. »Greenwashing«, mangelhafte Selbstkontrolle und nicht eingelöste Versprechen haben den Ruf der Selbstverpflichtung von Wirtschaftssektoren deshalb auch teils beschädigt. Aktuelle Beispiele sind die Erzeugung von Eiern mit Biolabel in hierfür nicht zugelassenen Legebatterien oder der von den zuständigen Selbstverwaltungsgremien nicht verfolgte Schimmelpilzbefall von Futtermitteln. Typische Schwächen sind mangelnde Transparenz sowie fehlende Strukturen zur Durchsetzung und zur Hinweisverfolgung.

Trotz solcher Negativbeispiele wären, wie diskutiert, wirksame Selbstverpflichtungen effizienter, flexibler und auch praxisnäher als staatliche Eingriffe. Leider geben bisher die Ökonomik und auch die Sozialpsychologie dazu wenig Aufschluss. Die Literatur erschöpft sich in wenigen vereinzelten Veröffentlichungen wie einem vor Längerem erschienenen EU-Fortschrittsbericht[30] und einem empirischen Forschungsbericht der Universität Zürich[31]. Es fehlte bisher auch an einem die Qualität und Durchsetzung sichernden Modell. Zusammen mit Dirk Sanders, Vorstand des Forums ökosoziale Marktwirtschaft, und anderen haben wir ein solches definiert und auf einer Ökonomietagung der Evangelischen Akademie Tutzing vorgestellt:

Ein Stufenmodell wirksamer Selbstverpflichtung

Ein idealtypisches Stufenmodell wirksamer Selbstverpflichtung beginnt mit dem Zusammenschluss in einer Unternehmenspartnerschaft. Die Ziele spiegeln die Interessen der assoziierten Unternehmen bei teils etwas unterschiedlichen Interessen wider: Einige sehen im Label eine Möglichkeit, sich von Mitbewerbern zu differenzieren, andere erhoffen sich davon Schutz vor Reputationsschäden. Manche handeln einfach nur im vorauseilenden Gehorsam und wollen sich präventiv Gestaltungsspielräume sichern. Also breit gefächerte Interessen, umso wichtiger ist die Qualitätssicherung durch einen Entwicklungsprozess.[32]

Von entscheidender Bedeutung ist natürlich der Qualitätswille bei der Definition des Wertekodex, also dem Inhalt der Verantwortungspartnerschaft. Wertekodizes, die unter Ausschluss betroffener Interessengruppen zustande kommen, haben zwar eine hohe Akzeptanz bei den beteiligten Unternehmen, es fehlt ihnen jedoch an Glaubwürdigkeit nach außen. Ein Stakeholder-Beirat, der sich aus Repräsentanten der relevanten Anspruchsgruppen zusammensetzt, steht für ein inklusives Regulierungsmodell und erhöht die Integrität in der Wahrnehmung der unterschiedlichen gesellschaftlichen Gruppen.

Ein solcher Beirat sollte so externes Fachwissen und wichtige Erwartungen der Allgemeinheit umfassend darstellen und neutral agieren. Gebannt werden muss dabei die Gefahr persönlicher Netzwerke. Nur mit der Neutralität steigt die Akzeptanz. Es handelt sich bei diesem Prozessschritt um das in der Managementliteratur bekannte Stakeholder-Assessment. Es ist ein zeitintensiver und konfliktbehafteter Auswahl- und Diskussionsprozess, zu dessen nachhaltigem Erfolg eine externe professionelle Moderation gehört.

Dieser Stakeholder-Dialog führt dann zu einem ersten Verhaltenskodex oder auch Clusterkodex der Unternehmensgruppe. Damit ist zunächst definiert, welche gemeinsamen Qualitätsversprechen die Partner ihren Kunden und sonstigen Anspruchsgruppen entlang der Wertschöpfungskette geben, und es öffnet ihn einer breiteren Diskussion. Wirklichen Qualitätswert erreicht dies nur, wenn die Einhaltung neutral überwacht und Verstöße sanktioniert werden.

Eine wichtige Funktion des Beirats ist deshalb eine Beschwerde- oder Schiedsstelle. Sie ist Anlaufstelle für Anzeigen von beobachtetem Fehlverhalten. Sie steht den Trägerorganisationen der Verantwortungspartner ebenso offen (»whistle blowing«) wie unabhängigen Dritten. Sie ist zieldienlicherweise paritätisch besetzt aus Fachkräften des Beirats und des Mitgliederkreises. Sie trifft auch die Auditvereinbarungen.

All dies bedarf einer hohen Qualität des Dialogs zwischen allen Beteiligten. Bevor wir also im nächsten Kapitel dieses Modell komplettieren durch die Beteiligung auch der Politik, möchte ich noch weiter auf die Bedeutung des Dialogs eingehen.

NGOs als Partner im Dialog

Gehen wir also davon aus, dass manche Wirtschaftsverbände und deren Unternehmen einen runden Tisch für die Erarbeitung eines gruppen- oder sogar branchenspezifischen Wertekodex organisieren. Das Gegengewicht zu den Wirtschaftsverbänden sind bei solchen Gesprächen die werteorientierten NGOs. Sie sind die themenbezogene

Vertretung des Bürgers, der mit seiner Mitgliedschaft Prioritäten setzt und so seine Stimme mit einbringt. Es ist ja der Grundgedanke des die NGOs umfassenden Begriffs der Zivilgesellschaft, dass sie uns vertritt, jeweils auf ein Wertethema bezogen.

Allerdings: Idealismus und lautstarke Kritik oder individuelles Rhetoriktalent allein werden in Diskussionskreisen mit der Wirtschaft nicht genügen. Branchenkenntnis, Fachwissen und Realitätssinn der einzelnen Mitglieder sind unverzichtbar. Reine Positionsverteidigung nützt wenig, Dialog- und Konsensfähigkeit sind ebenso notwendig wie eine gute Vorbereitung in Arbeitskreisen und Fachgesprächen. Dieser Weg der Mitbestimmung setzt deshalb voraus, dass auch die NGOs sich weiterentwickeln und sich für solche Aufgaben rüsten. Es wäre kontraproduktiv, sich nur auf Proteste, Angriff und Polarisierung zu beschränken. Mancher Skeptiker aus Wirtschaftskreisen mag schon die leidenschaftlichen, oft aber einfach realitätsfernen Monologe vor sich sehen, die für manche Veranstaltungen von NGOs typisch sind und die letztlich nicht weiterführen. Dennoch, ich finde es immer wieder erstaunlich, wie viel Fachwissen sich in einer NGO verbirgt. Manchmal zwar mit etwas Naivität, mit mangelnder unternehmerischer Erfahrung oder – wie gesagt – ideologisch oder idealistisch verzerrt, aber meist gibt es gute Branchenkenner. Und vor allem: Hinter den NGOs steht Leidenschaft. Auf eben diese gute Mischung von Wissen und Leidenschaft wird es ankommen, wenn daraus eine erfolgreich mitbestimmende Bürgervertretung werden soll.

Die Vertreter der werteorientierten NGOs der Zivilgesellschaft sind, wie gesagt, dazu zweifelsohne legitimiert, sofern sie eine breite Mitgliedschaft hinter sich haben. Aber genügen sie alleine für zielführende Wertegespräche? Ich glaube nicht, denn das Fachwissen der NGOs ist manchmal geprägt von einer Entfernung zur Realität, die eine fruchtbare Diskussion behindert. Mehr Tiefgang des Wissens ist erforderlich, sonst unterliegen die NGOs sofort im Dialog mit einseitig argumentierenden Fachleuten der Wirtschaft. Man braucht deshalb die flankierende Ergänzung durch wirtschaftsunabhängige Experten, etwa aus Universitäten und Wissenschaftsorganisationen, damit deren tiefer gehendes Fachwissen und möglichst auch professionelle Neutralität mit einfließen.

Daraus ergibt sich fast zwangsläufig die »Besetzungsliste« für ein Wertegespräch, an deren Ende ein verpflichtender Branchenkodex stehen soll: Branchenexperten der großen Werte sichernden Organisationen der Zivilgesellschaft und wissenschaftliche Experten diskutieren gemeinsam mit einer repräsentativen Vertretung der Branche. Dabei muss man besonders darauf achten, nicht der Gefahr des Proporzes zu unterliegen, der ja gerade die Absicht hat, den anderen Blickwinkel auszuschalten. Denn natürlich würde die Wirtschaft versuchen, die Wertegespräche mit ihr genehmen Gesprächspartnern zu besetzen. Geht man aber von der Wahl von Personen weg und wählt nur die Organisationen aus, die ihre Experten einbringen sollen, wird Proporz schon wesentlich schwieriger, ein fachlich hochstehender, aber auch kontroverser Dialog wahrscheinlicher.

Das Wunschbild wäre also eine offen diskutierende Gesprächsrunde mit Vertretern der jeweiligen Branche, der themenrelevanten NGOs und der Wissenschaft, die sich mit Sachverstand und möglichst ohne Ideologie und Profilierungssucht, dafür mit Tiefgang einzelnen Problemen stellen, um am Ende einen verpflichtenden Wertekodex für eine Branche zu entwickeln. Das Ergebnis kann allen Beteiligten nützen. Erwartungen der Öffentlichkeit zu erkennen erhöht die Stabilität der Unternehmen, die Wissenschaft gewinnt neue Einblicke, und die NGOs werden praxisnäher und fundierter berichten können.

Betrachten wir ein Beispiel aus einer international agierenden Branche: Stellen Sie sich einen runden Tisch vor, an dem es um die verheerende Wirkung der internationalen Korruption und die Rolle der Banken und des Bankgeheimnisses geht, um die Verführungskraft der Nummernkonten und die neuen Gefahren der Geldwäsche. Am Tisch sitzen Transparency International, Schutzverbände für Kleinaktionäre und Verbraucher, Bankenverbände, der WWF und das Ökosoziale Forum. Ein Finanzwissenschaftler zeigt am Beispiel der UBS, dass das scharfe Vorgehen der US-Justiz hinsichtlich der Offenlegung von Kundendaten für das Unternehmen beinahe zur existenziellen Frage wurde. Und er erläutert, dass Korruption und Schwarzgeld trotz enormer Absolutbeträge, relativ gesehen, zu den weltweiten Geldbewegungen nur einem kleinen Teil des Geschäftsvolumens der Finanzbranche entspricht. Allerdings einem Teil mit erheblicher gesellschaftlicher Wirkung. Der WWF berichtet dazu über die Ohnmacht der Justiz in Nordbrasilien, den Urwaldkahlschlag in einem korrupten Umfeld zu stoppen.

Die Teilnehmer werden im Laufe dieser Diskussion die starke Verzahnung und Überlappung ihrer Themen erkennen, Argumente addieren und verstärken, zunächst mit divergierenden Haltungen beginnend, um dann (hoffentlich) in gemeinsame Auffassungen zu münden. Und plötzlich entdeckt beispielsweise auch der Banker, dass seine Branche den Schlüssel hält, wenn man den Kampf gegen Korruption und Steueroasen, den Kampf für globalen Ausgleich gewinnen will.

Aus diesem Dialog entsteht dann ein Teil des Wertekodex des Institute of International Finance (IIF),[33] der flexibel auch neue Ideen der Geldwäsche und der Schwarzgelddeponierung unterbindet und damit ein entscheidendes Instrument gegen Korruption des weltweiten Verbandes der Privatbanken wird. Das andernfalls durch rechtliche Risiken in seinem langfristigen Bestand gefährdete Geschäft der bisher an Geldwäsche beteiligten Banken wird sicherer, der Bankensektor gewinnt also an Stabilität, besonders auch, wenn der Ausschluss von Unternehmen mit Aktivität in Steuer- und Bilanzierungsoasen für Investmentprodukte vorgeschrieben wird. Langfristig sind dann nur noch »saubere« Bankengeschäfte in der Europäischen Union üblich.

Eine unserer größten Sorgen gilt natürlich dem beschleunigten Wandel im Energiesektor. Auf ihn gehe ich später noch einmal ein. Offensichtlich sind die Möglichkeiten regionaler, nationaler und internationaler Wertegespräche, Maßnahmenkataloge als Wertekodex zu erarbeiten und zeitliche Leitlinien für die notwendigen Veränderungen vorzugeben. Wichtigster Aspekt beim Energiesektor wäre es, das Interesse an ständig steigendem Energieverbrauch – die Wachstumsphilosophie der Energieerzeuger – zu wandeln in ein Interesse an Sparsamkeit, Dezentralisierung und Förderung der alternativen Energien. Ein Wertekodex kann hier für alle Anbieter ein entsprechendes Programm, vorteilhafte Bonussysteme und Transparenz des Angebots erreichen. Es lässt dem Kunden die Wahl, reduziert aber die Anreize dieser Industrie, den alten Zopf fortzusetzen.

Durch derartige Wertekodizes werden also die Marktkräfte, wo immer sie durch unser Sozialverhalten vom »Vernünftigen« abweichen mögen, und der staatliche Ordnungsrahmen ergänzt durch eine dritte Regelgröße, die unabhängig von beidem definiert, was sich entweder nicht von selbst regelt – obwohl gesellschaftlich notwendig – oder für staatliche Ordnung ungeeignet ist. Aus staatlicher Sicht ist diese zusätzliche Komponente des verpflichtenden Wertekodex nationaler und internationaler Wirtschaftsverbände eine (hoffentlich) willkommene Entlastung, wenn ihr Potenzial denn erkannt wird.

Im Grunde ist das ein Weg, den man jeder Organisation empfehlen möchte, ganz gleich ob Wirtschaftsverbände, Sportverein, Mieterbund oder Gewerkschaft. Denn sie alle haben Themenbereiche, die unsere Defizite in den Bereichen der Nachhaltigkeit und des Klimawandels betreffen. Sie alle könnten ihr eigenes Verhalten und die Zweckmäßigkeit von Leitlinien unter diesen Gesichtspunkten überprüfen und einen Kodex erarbeiten. Gilt dieser dann verpflichtend, haben sie – sofern im Kodex vorgesehen – die Möglichkeit, Mitglieder zu ermahnen und auch auszuschließen. Ein durch Dialog geschaffener Wertekodex bräuchte also »nur« die Zustimmung der Mehrheit seiner Mitglieder, alles Weitere ist dann eine Sache von Initiative und Mut, auch gegen Widerstände zu agieren.

Der Anfang eines Weges – das Wertegespräch
am runden Tisch

Der branchenspezifische Wertekodex – gesetzlich vorgeschrieben auf nationaler oder europäischer Ebene – ist ein Endziel. Aber er kommt nicht über Nacht, er wird einen Einstieg, einen Anfang des Weges benötigen. Als naheliegende Form erster Gespräche bietet sich das beschriebene Konzept als runder Tisch an, dieser Weg friedlich-fordernden Dialogs unterschiedlicher Auffassungen, den mutige Menschen in der DDR gegangen sind und der schließlich den Zusammenbruch des alten Machtapparats erreichte. Themenbezogen an einem *Wertegespräch* am runden Tisch teilzunehmen hat für Wirtschaftler eine zunächst gute, neutrale Assoziation zur Philosophie des »ehrlichen Kaufmanns«, einer Grundhaltung, der sich zumindest in Mitteleuropa die meisten Unternehmer immer noch verpflichtet fühlen – und die sich übrigens in den Satzungen vieler Industrie- und Handelskammern als Mitgliederverpflichtung findet.

Das Wertegespräch am runden Tisch – bestehend aus Branchenvertretern, Wissenschaftlern und NGOs – beginnt mit einem »Brainstorming«, einer Ideensammlung, die Problembereiche und mögliche Lösungsvorschläge skizziert, die Übereinstimmungen und kontroverse Positionen herausarbeitet und schließlich zu einem Konsens oder zu einer eindeutigen Polarisation gelangt. Zu Einseitiges wird dabei schon in der internen Diskussion des Kreises erstickt werden, Konsensfähiges hingegen wird sich in den späteren Vereinbarungen wiederfinden. Am Ende stehen vielleicht ein Maßnahmenpaket und eine Handlungsempfehlung für Kunden und kooperierende Firmen, zumindest aber eine Problembeschreibung mit Grauzonen und Lösungsansätzen. Harte Streitpunkte treten eventuell in die öffentliche Debatte, sei es durch die NGOs und die Medien oder auch mehr und mehr durch die neuen sozialen Vernetzungen der Internetwelt.

So entstanden schon große und interessante Initiativen wie zum Beispiel die U. S. Climate Action Partnership,[34] die große Firmen und führende NGOs und Universitäten in einer allgemein auf Klimaschutz ausgerichteten Initiative zusammenschließt. Kein Zweifel, dass die NGOs dabei manchen Umdenkprozess der Industrie durchgesetzt haben. Nur blieb es wieder beim Appell, bei Empfehlungen ohne Bindungswirkung, nicht einmal für die Mitglieder. Aber es ist ein interessanter Anfang eines Dialogs, der bald die Eigendynamik weiterer Nachdenklichkeit und Aktionsbereitschaft annahm.

Die NGOs werden bei solchen Wertegesprächen am runden Tisch in jedem Fall mit Selbstbewusstsein auftreten können: Hinter ihnen stehen eine große Zahl von Mitgliedern und viele Gleichgesinnte, die Lösungsvorschläge bringen und diese – verdichtet über die Sprecher – einem öffentlichen Dialog unterwerfen können. Themenspezifisch kann das Wertegespräch am runden Tisch eine neue Qualität der gesellschaftlichen Diskussion erreichen, zum Wohle beider Seiten. Denn zwangsläufig werden Argumente und Gegenargumente bewusster und andere Sichtweisen einer Überprüfung unterzogen.

Besonders gewinnt der runde Tisch, wenn sich ähnlich orientierte NGOs zusammenfinden und auf ein gemeinsames Thema verständigen. Eine wichtige Aufgabe der branchenrelevanten NGOs ist dabei, all die Wertekodizes der Marktwirtschaft, die als Feigenblatt existieren, aufzudecken und kritisch zu durchleuchten, Lücken und Plattitüden bewusst zu machen und auch Positives anzuerkennen. Das gehört heute schon zur täglichen Arbeit und ist der natürliche Ausgangspunkt, um mit Verbänden und auch Unternehmen in einen tieferen Dialog einzutreten und um überhaupt gehört zu werden. Themenbezogene Wertegespräche können so zu einer flächendeckenden Bewegung werden – auf regionaler, nationaler und auf europäischer Ebene als kontinuierlicher, themenbezogen neuer gesamtgesellschaftlicher Dialog.

Letztlich wird dieser Dialog allgemein anerkannte Handlungsprioritäten herauszuarbeiten und – falls begleitet vom öffentlichen Interesse – spezifische Wertefestlegungen und Umsetzungsvereinbarungen erreichen. Denn Werte definiert am Ende die Gemeinschaft, das ist Teil unserer Kultur, aber auch Teil des gesellschaftlichen Wandels. Sie sind nicht statisch – gerade die zeitnahe Anpassungsfähigkeit ist eine der Stärken dieses Mitbestimmungsmodells, das die »Corporate Social Responsibility« einer gesamten Branche bürgernah definiert.

Den Wirtschaftsverbänden fällt dann eine Schlüsselrolle zu, denn sie sind es, die dann im Weiteren dafür sorgen müssen, dass die Forderung, Sozialverantwortung ernst zu nehmen, auf die gesamte Branche ausgeweitet wird. Und so wird aus einzelnen Beispielen von Unternehmergruppen eine neue Kultur eines gesamten Wirtschaftssektors. Der Branchenkodex definiert die soziale Verantwortung der Branche und wird – wenn eines Tages auch der Gesetzgeber diesen Weg unterstützt – zur Voraussetzung für Geschäftstätigkeit.

Das regionale Gespräch

Praktische Mitsprache der NGOs gibt es schon zahlreich auf regionaler Ebene für lokale Problemfelder. Auf der lokalen Ebene ist man aufgrund des leichter überschaubaren Wirkungskreises freier, und gerade in regionalen Gesprächen lassen sich deshalb sehr wirkungsvolle Übereinkünfte erreichen, die freiwillig sind, aber dennoch überzeugen.

Nehmen wir als Beispiel die Initiative einiger BürgerInnen aus dem Südosten Münchens, die sich zum Ziel gesetzt haben, ihre Landkreise Wolfratshausen-Bad Tölz und Miesbach beschleunigt energieneutral zu machen. Sie wählten zur Finanzierung eine Bürgerstiftung, also einen Weg, bei dem die Bürger sich auch mit kleinen Geldbeträgen beteiligen können, und bewegten schließlich nicht nur die Gemeinden und das Handwerk, sondern auch den Energieversorger und zahlreiche Verbände zur Unterstützung. Der hohe Sozialdruck zur Beteiligung ist offensichtlich. Weitere Landkreise haben sich angeschlossen, von einer flächendeckenden Initiative für alle oberbayerischen Landkreise kann man ausgehen.[35] Tausende solcher Initiativen sind inzwischen in Kommunen und Metropolen entstanden, immer begleitet von einem bürgerlichen Beirat, der letztlich in der Bevölkerung eine wieder andere Glaubhaftigkeit hat und die kommunalen Bemühungen gerade wegen dieser Parallelität optimal ergänzt.

Betrachten wir als weiteres, nun fiktives Beispiel die Einladung an einen regionalen Gaststättenverband, etwa in Oberbayern oder Tirol. Die NGOs greifen das Thema Wasser heraus. Das Trinkwasser ist im Alpenraum hervorragend, der Transport von Tausenden Tonnen Markenwasser aus Evian, San Pellegrino oder aus anderen italienischen oder französischen Heilbädern ist weitgehend sinnlos. Der »Footprint«, der »ökologische Fußabdruck«, dieses Wasserverkaufs – also Verpackung, Straßenbelastung und Transport – wird gezeigt, und es wird klar, dass jährlich allein eine einzige Region durch den Wasserimport Tausende von Tonnen CO_2 auslöst. Der mitteleuropäische Bürger verbraucht heute jährlich über hundert Flaschen Wasser.

Der Wertekodex, der im Gespräch am runden Tisch erarbeitet wird, legt nun zum Beispiel fest, dass wegen der in diesem Gebiet sehr hohen Wasserqualität in erster Linie Leitungswasser angeboten werden soll, Flaschenwasser nur auf Wunsch und bei gleichzeitiger Aufklärung über den ökologischen Footprint auf Aufklebern und Etiketten. Das mag auf den ersten Blick unrealistisch erscheinen, schließlich mag der Verbraucher nicht auf Sprudelwasser verzichten. Das muss er aber auch nicht, denn in einem nächsten Schritt werden die NGOs die Vorteile regionaler Produkte und der kleinen CO_2-Kühlautomaten herausstellen und lokale Fruchtsäfte, landwirtschaftliche Produkte und neue Anbaumethoden bewerben. Damit erzielen sie Erfolge in ganz unterschiedlichen Bereichen: Zum einen wird das Bewusstsein der Verbraucher geschärft, zum anderen wird die Umweltbelastung durch die Vermeidung langer Transportwege reduziert. Und zu guter Letzt werden die Produzenten der Region gestärkt, die so konkurrenzfähig – auch gegenüber Billiganbietern – bleiben und lokale Arbeitsplätze sichern können.

Das sind zwei Beispiele für regionale Initiativen, die vielleicht die Basis legen zum umfassenden Umbau einer Region nach den Prinzipien der Nachhaltigkeit für die wichtigen Ressourcen Wasser und Energie. Kein leichtes Unterfangen, denn die Gesprächsteilnehmer aus der Wirtschaft – also zum Beispiel energieintensive Betriebe – werden bei derartigen Wertegesprächen regelmäßig auf die Einschränkung ihrer Konkurrenzfähigkeit verweisen, wenn Regeln nicht für alle gelten.

Das stimmt, und an dieser Stelle kommen die überregionalen Wirtschaftsverbände wieder ins Spiel. Weil Verbände, wie erwähnt, zu oft zu sehr zum unausgewogenen Lobbyismus neigen, mag man versucht sein, sie auszugrenzen. Aber sie gehören, wenn immer möglich, mit an den runden Tisch, weil sie das Instrumentarium besitzen, Vereinbarungen auf überregionaler Ebene durchzusetzen und so die überregionale Konkurrenzfähigkeit zu sichern. Es liegt letztlich am Mut der Mitglieder dieser Verbände, auf Beteiligung und Dialogfähigkeit zu drängen. Wie das Beispiel der amerikanischen AdvaMed ja gezeigt hat, haben Verbände – guter Wille vorausgesetzt – die Kraft, Werteorientierung über das Gesetz hinaus durchzusetzen. Es müsste doch gelingen, unseren Wirtschaftsverbänden beizubringen, nicht nur als kurzsichtige Lobbyisten zu handeln und ständig die meist unbegründete Angst vor dem internationalen Konkurrenznachteil zu schüren. Gerade die letzten Jahre haben an Beispielen wie dem Automobil- oder dem Energiesektor gezeigt, dass die »nachhaltig« richtige Entwicklung auch für die Wirtschaft die bessere, die weniger risikoreiche und letztlich wirtschaftlichere ist. Die Ausgewogenheit des mitbestimmten Dialogs kann gerade das sichern.

Lob und Tadel – bis zum Berufsverbot

Wie nun dem Gesamtkonzept einer auf verbessertem Dialog aufbauenden, werteregulierten Marktwirtschaft Zähne geben? Das Wichtigste, was sich dabei zu erinnern lohnt, ist sicher: Es sind immer Personen, die verantwortlich sind, sie haben die Führungsverantwortung. Manche von ihnen nutzen allerdings gerne ihre Organisationen bzw.

Verbände als Verhinderungsinstrument und sind so die echten Feinde nachhaltiger Ordnung. Nur ein System, das solche Gemeinschaftsfeindlichkeit eliminieren kann, wird wertestabil sein. Beispiele im Standesrecht gibt es durchaus. Sperren nicht Rechtsanwälte allzu raue Zeitgenossen aus und entziehen ihnen die Anwaltserlaubnis? Analog die Approbation bei Ärzten. In Großbritannien werden auffällige Aufsichtsräte in einer Liste »unerwünschter Direktoren« geführt. Die Sperre von Führungspersonen ist also eine Aufgabe für den Wertekodex – das wird Druck bringen, allerdings werden so drastische Maßnahmen nicht ohne den Gesetzgeber gehen. Auch er wird gebraucht, wenn der mitbestimmte Wertekodex ein umfassendes System werden soll. Denn natürlich ist die Frage umfassender Mitbestimmungs- und Vetorechte letztlich eine politische Entscheidung.

Auch diese Umsetzung braucht allerdings ein mitbestimmtes Modell, denn die nur von Regierungsseite eingesetzten Organe haben immer Proporzschwächen und Rücksichtnahmen: Als Beispiel nehme ich den Presserat, dem es nicht gelingt, die Zeit der ungestraften Lügen und der ungestraften Verschwiegenheit zu beenden. Dies darf eben nicht nur mit Verwarnungen von Verlagen und Redaktionen versucht werden, sondern muss bei Wiederholung begleitet sein von einem Verbot selbstständiger Veröffentlichung für den jeweiligen Redakteur.

Solche Forderungen zeigen, dass die durch die Mitbestimmung der Zivilgesellschaft begleitete werte*orientierte* Marktwirtschaft letztendlich vom Gesetzgeber begleitet werden muss. So kann eine umfassende Werte*regulierung* entstehen, von innen heraus organisiert, aber vom Gesetzgeber mit angestoßen und unterstützt. Ohne eine Rahmengesetzgebung bleibt das alles letztlich doch »freiwillig«, zwar werteorientiert, aber nur eine Empfehlung, die allenfalls durch Verweigerung von Mitgliedschaft und Kennzeichennutzung sanktionieren kann.

Für einen Wertekodex als branchenweit wirksames Steuerungselement mit nationalem oder europäischem Geltungsbereich ist deshalb gesetzliche Regelung letztlich zwingend, so wie ja auch die Mitbestimmung in Unternehmen gesetzlich geregelt ist. Allein schon die Frage, welche Teile der organisierten Zivilgesellschaft zu einer praxisnahen Mitsprache in der Lage sind, ist eine subjektive und deshalb politisch zu beantwortende Frage. Zudem sollen ja Sanktionen einklagbar und gerichtlich zu verteidigen sein. Gesetzlich in den Wirtschaftsraum eingebettet, wird es systemimmanenter Teil unseres Regelsystems und schafft als »vierte« ordnende Kraft einen ergänzenden Weg der wirtschaftlichen Ordnung zwischen freien und gesetzlich regulierten Märkten.

Werte*regulierte* Marktwirtschaft –
durch politische Begleitung

Prolog: die Ignoranz der Politik

»Ein interessantes Konzept. Aber die Medien müssen das wollen!«
Die-ser mir gegenüber mehrfach nach der Diskussion gesetzlicher Begleitung geäußerte Satz von Abgeordneten zeigt das Problem: die Mutlosigkeit der politischen Klasse. Die Mandatsträger werden von den
Medien und den Lobbyorganisationen der Wirtschaft getrieben, letztlich sogar gelenkt. Es liegt also nicht am Modell, sondern an der Stärke der Lobbyorganisationen und an der Schwäche und mangelnden
Fachkenntnis vieler Politiker – teils auch der Medien. Für Reformen, wie
das Umlenken hin zu einer wertegulierten Marktwirtschaft, sind das
schlechte Voraussetzungen.

In meinem Buch *Plateau 3* hatte ich das Modell der wertegulierten
Marktwirtschaft kombiniert mit starken Elementen direkter Demokratie
als Voraussetzung für eine Systemänderung. Denn es schien mir klar,
dass nur damit ein ausreichendes Gegengewicht zur Abhängigkeit der
Politik von der Wirtschaft erreicht werden kann. Die letzten Jahre haben
das leider bestätigt. Über Reformen, die von den führenden Wirtschaftsverbänden – und auch manchmal von den Gewerkschaften – behindert
werden, müsste letztlich der »Souverän« als oberste Instanz entscheiden. Mit breit geführter öffentlicher Debatte könnte dazu die Wissensbasis geschaffen werden, wie ja aus einigen großen Volksentscheiden
insbesondere in der Schweiz bekannt ist. Gut aufgeklärt, dürfte die
kumulierte »Vernunft« der Bürger stärker als alle »Wohlstands«-Ver-

sprechen der Wirtschaft sein – zumindest hoffe ich das und übersehe nicht die bedenklichen Trends der letzten Zeit. Sie zeigen grundsätzliche Gefahren unseres demokratischen Systems, ein Grund mehr, an die Ideen der partizipativen Bürgerdemokratie zu erinnern. Denn das demokratische System krankt derzeit. Der Ursachen sind viele, eine hier besonders wichtige greife ich heraus.

Zum Berufspolitiker verurteilt

Politische Mandatsträger in Europa sind zum Berufspolitiker verurteilt. Es ist eine zwangsläufige Folge der hohen Komplexität der Themen. Vorbei sind die Zeiten, als politische Aktivität sich auf wenige Aspekte der Ordnung und des sozialen Ausgleichs konzentrieren konnte. Die Vielzahl komplexer werdender Themen macht den Überblick in der Politik immer schwerer – und damit den Seiteneinstieg beruflich erfolgreicher Bürger. Die häufig kritisch-negative Beobachtung durch die Medien mit der Neigung zur Bevorzugung negativer Botschaften kommt im Normalfall demotivierend hinzu, im Falle Trump mit wütender Bekämpfung der »Medien«, analog zu Präsident Erdogan.

Die Konsequenz sind entweder diktatorische Regime oder – als »Normalfall« – der Berufspolitiker, dessen Laufbahn in einem der Büros eines erfolgreichen Politikers beginnt oder dessen berufliche Entwicklung außerhalb der Politik unbefriedigend blieb. Das ist der vorherrschende Typus, aus dem heute die Parlamente in Europa gegossen werden. Entsprechend sind Ehrgeiz und Notwendigkeit zur Wiederwahl die wichtigsten Handlungsmotive.

Wir werden das nicht ändern können. Und aus aktuellem Anlass sei erwähnt, dass die in den USA traditionell vorhandene Bereitschaft von Milliardären, sich für hohe politische Ämter zur Fügung zu stellen, sicher keine Lösung für die Eingrenzung von Interessenkonflikten und Exzessen der freien Marktwirtschaft ist. Dieser Weg macht den Bock zum Gärtner. Der Berufspolitiker ist da immer noch das kleinere Übel, wenn, ja wenn uns durch die Kraft der Zivilgesellschaft und engagierte Partizipation ausgleichende Gegengewichte gelingen.

Direkte Demokratie – auf Bundes- und Europaebene

Die Schwäche der Berufspolitik braucht Gegenkräfte. Gerade mit Blick auf die letzten Trends scheint mir direkte Demokratie als zusätzliches Instrument repräsentativer Demokratie deshalb enorm wichtig. Als Thema ist es zu umfangreich, um es hier voll abzuhandeln. Wer mehr dazu erfahren möchte, sollte meine Artikel in der *Huffington Post* zu diesem Thema lesen. Dort finden sich Anregungen, Klarstellungen zu den Fehlern des Brexit[36] und Erläuterungen zu den Gründen, warum Volksentscheide auf Bundes- und auf Europaebene hilfreich sind.[37]

Dabei ist keineswegs sicher, dass die Bürger von vornherein die besseren Entscheidungen treffen würden. Aber durch die öffentliche Diskussion, begleitet von direktdemokratischen Möglichkeiten wie der Volksinitiative, dem Volksbegehren oder dem Volksentscheid, wird das politische Wissen in der Bevölkerung enorm angehoben. Und erst auf guter Wissensbasis sollten Mehrheitsmeinungen geklärt werden.

Instrumentalisierte Partizipation ist zuallererst ein wichtiges Ventil für die Unzufriedenen – für die, die ohne solche Möglichkeiten zum Protestwähler werden –, aber es ist auch die bevorzugte Lösung für die Themen, zu denen die politische Klasse keine Entscheidung treffen wird. Dazu gehört das Modell der werteregulierten Marktwirtschaft, das bisher von den politischen Mandatsträgern nicht gefördert wird, teils aus Unkenntnis, teils wegen der erwähnten starken Abhängigkeit von Wirtschaftsinteressen. Derzeit kann man hoffen, dass dies in absehbarer Zukunft auf Bundesebene eingeführt wird. Auf europäischer Ebene dagegen gibt es noch keinen Grund zu Optimismus. Dort wird die enorm motivierende Wirkung von direktdemokratischen Elementen noch verkannt, obwohl sie gerade dort wichtig und besonders geeignet wären. Denn bei den meisten Fragen spielt die Nationalität keine Rolle, ganz anders als bei der Wahl von Mandatsträgern. Aber das ist nicht das primäre Thema dieses Buches.

Freihandel ja, Egalisierung der Kultur nein

An viele Wirtschaftszweige stellen wir hohe kulturelle Anforderungen, deren Akzeptanz wir kaum weltweit erwarten können. Sie sind ein wesentliches Element einer Wertekultur und als solches nicht verhandelbar. Das allein schon ist ein Grund, warum viele Handels- und Produktionsketten und erst recht »Dienstleistungen« nicht einfach der internationalen Geschäftemacherei geopfert werden dürfen.

Nur wenige wissen, dass in der Nachfolge von CETA und TTIP, diesen »Freihandels«-Abkommen mit Kanada und den USA, bereits der Entwurf einer weltweiten Öffnung für Dienstleistungen, also auch für das Medienangebot und die bekanntlich alles Persönliche ausspionierenden Kommunikationsdienstleistungen, angedacht ist.[38] Aber unbegrenzte Freiheit, gleich ob mit Waren oder mit Dienstleistungen, ist nur mit Ländern möglich, die ähnlichen Wertegrundsätzen folgen. Allein schon die aktuellen Unterschiede der politischen Kultur anderer großer Wirtschaftsblöcke zum Schutz gemeinschaftlicher Güter – wie beispielsweise des Klimas – erlauben solche Abkommen nicht.

Und deshalb ist es gut, dass TTIP gestoppt und auch die Ratifizierung von CETA derzeit offen ist. Zwar ist der Handel mit Kanada nicht der bedeutendste, aber alle großen Konzerne der USA haben dort Niederlassungen und erhalten über das Abkommen mit Kanada einen Weg, unsere Politik in Sachen Verbraucherschutz und Landwirtschaft zu unterlaufen.

Protektionismus? Ja, sicher

Gerade die Diskussion um diese Freihandelsabkommen hat gezeigt, dass solche Abkommen den Warenaustausch vereinfachen, Bürokratien abbauen und Märkte vergrößern können, dass das aber eben nicht immer der Weg der Wahl sein kann. Globalisierung ist der wunderbare Traum der Wirtschaft vom freien, ungehinderten Warenverkehr, aber er ist unverträglich mit der heutigen Kultur der Produktion und des Handels mancher Weltkonzerne in bzw. mit den Schwellenländern. Über global freien Handel kann man erst reden, wenn das Konzept der werteregulierten Marktwirtschaft zumindest in den wirtschaftlich führenden Nationen, also in Europa, Nordamerika und vor allem auch Fernost, gesichert ist.

Fehlende Wirtschaftskenntnis der Politik

Bei diesen Diskussionen müssen wir vom Berufspolitiker als bestimmender Größe im politischen Handeln ausgehen. Für das Konzept der Werteregulierung der Marktwirtschaft ist das ein bedenkliches Defizit, da Berufspolitiker aus ihrer Laufbahn heraus kaum praktische Erfahrung in der Wirtschaft und nur selten vertiefte Kenntnisse der Ökonomie und der Sozialwissenschaften haben. Ich werde aus dem Blickwinkel des Jahres 2017 im nächsten Kapitel am Beispiel der »Klimaverantwortung« zeigen, welche planwirtschaftlichen Fehler dadurch entstehen.

Der von innen, also aus der Wirtschaft kommende Regelungsansatz ist konzeptionell stärker und praxisnäher als eine von außen aufgezwungene Planwirtschaft. Während mich wirtschaftlich erfahrene Kollegen da sofort verstehen und die Stärke von Regelwerken und die Risiken der Nichtbeachtung kennen, kann man im Gespräch mit Politikern auf solche Erfahrungen nicht bauen. Umso wichtiger ist es, für alle politischen Debatten die wirtschaftsunabhängigen Teile der Zivilgesellschaft so zu stärken, dass sie ein ausgleichendes Gegengewicht, ein nicht nur auf Wirtschaftswerte orientierter Informant sein kann. Jede Mitgliedschaft und besser noch Mitarbeit in einer der werteorientierten Organisationen, sei es im Naturschutz, im Verbraucherschutz, bei Finance Watch oder den Organisationen der ökosozialen Marktwirtschaft, ist ein Beitrag, Fachwissen in diesen Organisationen anzureichern und damit in der politischen Meinungsbildung argumentative Überlegenheit zu sichern. Ohne starke Zivilgesellschaft werden wir den Weg aus der werteverachtenden Marktwirtschaft, einer schwächer werdenden Demokratie sowie zunehmenden globalen Spannungen nicht finden.

Mehr denn je gilt: Engagieren Sie sich, und mischen Sie sich insbesondere ein, wenn Sie Fachkenntnisse haben. Das kann bei der Meinungsbildung innerhalb der Parteien sein oder in den Initiativen der Nicht-Regierungs-Organisationen. Die NGOs sind das demokratische Gegengewicht gegen die Schwächen der politischen Führung – und gegen die Schwächen der Wirtschaft.

Die Macht der Mitglieder

Auch Wirtschaftsverbände und Berufskammern sind Teil der Zivilgesellschaft, und als solche werden sie letztlich von ihren Mitgliedern gesteuert. Ihre Größe mag oft dem Einzelnen den Mut nehmen, sich zu engagieren. Aber mit Engagement lassen sich Gleichgesinnte finden und allzu rückständige oder zu neoliberale Richtungen korrigieren. Die Industrie- und Handelskammern wurden bereits mehrfach gerichtlich verwarnt, nicht einfach die Dominanz der umsatzstärksten Mitglieder – meist der Konzerne – als die einheitliche Meinung der Branche zu übernehmen. Sie müssen auch Minderheitsmeinungen anerkennen und bei Meinungsäußerungen neutral, ausgewogener sein. Erreicht wird das nicht nur durch Gerichtsurteile, sondern auch durch den Erfolg des Engagements Einzelner und auch kleinerer Gruppen von Mitgliedern.

Am Schluss hängt vieles natürlich an der von den Mitgliedern gewählten Führung. Für den nationalen und europäischen Aspekt erschwert dabei, dass in Deutschland die Industrie- und Handelskammern regional aufgespalten sind und regional zum Thema »Nachhaltigkeit« völlig unterschiedliche Ansichten bestehen. Diese Zersplitterung erschwert die bundesweite Koordination und das Durchsetzen auf Europaebene – ein weiteres Thema für die Politik. Die Reform der Kammergesetze ist überfällig, aber nicht nur dieser.

Dies ist ein langer Prolog, doch in der politischen Steuerung unserer Marktwirtschaft stimmt nicht einmal der Trend, im Gegensatz zu den Erwartungen eines Großteils der Bürger. Unverändert appelliert dieses Kapitel daher an die Politik, sich zur Delegation von Verantwortung an die Wirtschaft zu entschließen, mit Vorgaben wie im vorherigen Kapitel.

Engagiert organisiert – die sachbezogene
Stimme des Bürgers

In einer Phase des Umbruchs und der politischen Schwäche wie der gegenwärtigen ist jeder gefordert. Es ist ja die Stärke, auch der Reiz einer freiheitlichen Zivilgesellschaft, dass sie jedem den Raum gibt, sich mit Gleichgesinnten zu organisieren und Einfluss zu nehmen. Es ist ein demokratisches Element, das allerdings noch nicht klar genug als themenbezogene »Wählerstimme« erkannt wird und in der repräsentativen Demokratie zu Unrecht ein Dasein als Mauerblümchen unserer demokratischen Möglichkeiten fristet.

Denn die dem Wähler gewohnte Parteienlandschaft hat ihre Grenzen. Bei der heutigen Komplexität politischer Aufgaben ist eine Wahl keine ausreichend problembezogene Stimmabgabe mehr, kein eindeutiges Für oder Wider, sie ist nur eine Tendenzaussage. Wie oft beklagen wir deshalb das Fehlen direktdemokratischer Elemente, also Volksentscheide, bindender Referenden und Volksinitiativen, eben die problembezogene Mitsprache des Bürgers. Aber diese Klage übersieht, dass Mitgliedschaft und Engagement in wertebezogenen NGOs diese Lücke relativiert. Zu allen gesellschaftlichen Problemfeldern gibt es heute mahnende Organisationen, die in die Meinungsbildung politischer Ämter eingreifen, sozusagen als Lobbyisten einer Bürgermeinung. Diese Organisationen durch Mitgliedschaft zu stärken ist wichtig, es ist eine themenbezogene »Stimmabgabe«. Wer Korruption bekämpft sehen will, kann Transparency International beitreten, wer für Naturschutz eintreten möchte, beispielsweise dem BUND, wer für gesunde Ernährung ist, geht zu foodwatch oder den Verbraucherverbänden, wem die Verschwendung von Steuergeldern missfällt, zum Steuerzahlerbund, wer die Wirtschaft kritisiert, unterstützt das Ökosoziale Forum oder vielleicht Attac oder mit einer Spende den Club of Rome. Und wer für transparentere Demokratie eintritt, geht vielleicht zu Lobbywatch oder Mehr Demokratie e.V. Vielleicht tauchen vor Ihrem geistigen Auge nun die großen Protestplakate von Greenpeace an einem Schornstein auf oder die Bilder der

»Brent Spar«, deren geplante Versenkung den Konzernen Shell und Esso Negativschlagzeilen einbrachte? Vielleicht denken Sie auch an schützenswerte Fledermäuse, die dem Bau einer Umgehungsstraße durch ein Biotop entgegenstehen, selbst wenn Ihr Schlaf unter den vielen Lastwagen leidet. Zu allen kritischen Gedanken finden sich Gleichgesinnte – wie auch Gegner.

Es ist offensichtlich: Die werteorientierten Verbände erheben die gebündelte Stimme ihrer Mitglieder und sind ein wichtiger Teil der Zivilgesellschaft. Sie sind es deshalb, die am besten gerüstet sind, um die zu schwache Stimme des Einzelnen einzubinden in einen gemeinsamen Chor kritischer Mitsprache. Die Unterstützung dieser Nicht-Regierungs-Organisationen ist ein wichtiges Mittel demokratischer Meinungsäußerung, das zu oft noch nicht als solches gesehen wird.

Immerhin: Die enorme Zunahme der für Nachhaltigkeit und Werte eintretenden Organisationen unterstreicht die steigende Unruhe in der Gesellschaft. Die systemimmanente Einbindung in die Entscheidungsprozesse der Wirtschaft und der Politik mit den im letzten Kapitel vorgeschlagenen Mitspracheformen ist fast zwingend eine Konsequenz dieser Konstellation. Die Einbindung der Zivilgesellschaft in demokratische Entscheidungsprozesse ergänzt dabei die Elemente verstärkter direkter Demokratie. Dieses Zusammenspiel ist die ideale Form der Gestaltungsbereitschaft der politischen Klasse gemeinsam mit dem »Souverän«, den Bürgern. Die marktspezifischen Themen wären zu zahlreich und auch zu komplex, um nur mit Volksentscheiden entschieden werden zu können. Die Mitsprache der auf ein bestimmtes Thema ausgerichteten Organisationen ist da oft der bessere Weg, denn die NGOs sind – wie gesagt – aus ihrer Interessenlage heraus fachlich gut informiert und damit für jeden Dialog gerüstet. Aber ihre Durchsetzungskraft setzt die Unterstützung in der Bürgerschaft voraus, die Zahl der Mitglieder ist dabei das erste äußere Zeichen.

In Summe gibt es in Deutschland 77.000 Verbände und Vereine. Davon dürften etwa 10 Prozent direkt unsere Themen betreffen. Viele davon suchen bereits das kontinuierliche Gespräch mit Wirtschaft und Politik. Das sind gute Voraussetzungen für das im letzten Kapitel beschriebene Mitbestimmungskonzept. Manche allerdings bevorzugen die reine Provokation oder wollen den völligen Systembruch, eine andere Welt. Dazu werden sich Wirtschaft und Politik wohl nicht an einem runden Tisch einfinden, ein gewisser Grundkonsens zu den Stärken von Marktwirtschaft und Demokratie wird wohl Voraussetzung sein müssen.

Ihre Mitgliedschaft ist natürlich eine Themen- und eine Richtungswahl, welchen Problemen unserer Gesellschaft Sie Priorität geben. Es gibt national wie international sehr renommierte NGOs, die insbesondere die hier interessierenden Wertethemen bewusst machen und für Lösungsvorschläge werben. Manche sind global vernetzt, die meisten gut organisiert, sind schlagkräftig und zum Teil von der UNO als wegweisend anerkannt. Darüber hinaus gibt es die vielen kleineren und lokalen Organisationen, deren Reichweite geringer, oft auch nur auf einzelne Aktionen ausgerichtet ist, die aber in ihrem regionalen Wirkungskreis längst als Partner akzeptiert und manchmal besonders erfolgreich sind.

Es sind eher die großen Themen, bei denen der Dialog noch nicht in Gang gekommen ist. Wenn wir auch hier eine »Mitbestimmung« der Zivilgesellschaft wollen, stoßen wir in eine neue Dimension vor, mit neuen Anforderungen auch an die NGOs selbst. Die UNO hat für ihre Anerkennungspolitik einige Regeln zur Grundbedingung gemacht, wie zum Beispiel demokratisch aufgebaute Hierarchien und Unabhängigkeit in der Meinungsbildung. Nicht alle NGOs entsprechen diesen Forderungen und haben deshalb Verbesserungsbedarf auf dem Weg zu einem offiziellen Mitspracheorgan. Aber in Summe können wir heute in den demokratisch freien Staaten von einer breiten Struktur informierter, kritischer und Mitsprache fordernder Organisationen als Gegengewicht der Wirtschaft ausgehen, wobei auch die karitativen Verbände und die Kirchen erwähnt seien. Auch sie haben sich nach langem Schweigen verstärkt als Mahner ethisch verantwortungsvollen Umgangs mit Kapital und Wirtschaftskraft gezeigt, zurückbesinnend auf die Gebote der Nächstenliebe, der Brüderlichkeit und des Teilens.

Führung – integrierende Gestaltungskraft und Initiative

Der Effekt einer mitbestimmenden Zivilgesellschaft bliebe enttäuschend, wenn er nicht von Gestaltungskraft und Vision begleitet würde. Es sind Zeiten, die Engagement und Tatkraft erfordern, die neue Talente zur Gestaltung und Führung brauchen. Eine Mehrheit wird in solchen Zeiten nur unzufrieden sein und passiv bleiben, manche werden Kritik üben, andere werden sich mahnend und aktiv in der Öffentlichkeit engagieren, und einige werden beginnen, neue Wege zu zeigen, werden in ihrem Umfeld neue Leitlinien entwickeln, Beispiele setzen und neue Handlungsmaximen erarbeiten. Sie werden zu führen beginnen, werden ein neues Miteinander formen. Eine neue Qualität der »Elite« mit einer neuen sozialen Kompetenz, Sachkenntnis und Führungsauffassung entsteht und verdrängt die alte. Fehlt solche neue, überzeugende Führungsfähigkeit, werden Populismus und autoritärer Machthunger die Oberhand gewinnen. Werteorientierte NGOs, die diese Führungsrolle übernehmen können, sind auch deshalb heute gefordert. Gerade von ihnen kann der stärkste Impuls für die Gestaltung eines realistischen Zukunftsbildes kommen. Ihre führenden Köpfe sind entscheidend für den Erfolg jedes Wandels, aufbauend auf das Vertrauen und den Handlungsauftrag ihrer Mitglieder.

Gut zu führen beinhaltet bekanntlich Verantwortung, Verantwortung für andere und für die Gesellschaft allgemein. Viele, auch in der Wirtschaft, sehen dies am besten erfüllt durch die Verpflichtung zur sozial bezogenen Unternehmensführung und unterwerfen sich – wie erwähnt – den Leitlinien der »Corporate Social Responsibility«. Doch Achtung! Deren Verfechter sind in zwei Lager geteilt, die einen aus Idealismus und Überzeugung, die anderen agieren mehr als Trittbrettfahrer, weil sich das Schlagwort »nachhaltige Unternehmensführung« gut verkauft.

Tatsächlich gibt es schon jetzt reichlichen Missbrauch all der schönen neuen Begriffe. Kürzlich begegnete mir das Beispiel eines Schweizer Betreibers von Kohlekraftwerken, der sein Unternehmen allen Ernstes als nachhaltig bezeichnete, obwohl seine Kraftwerke modernen Anforderungen in keiner Weise entsprachen. Aber im Rampenlicht machte es sich gut, auf den eigenen Nachhaltigkeitsbericht zu verweisen – bis der von Engagierten zerlegt wurde, die Medien die Botschaft aufgriffen und den entsprechenden Druck erzeugten. Nein, CSR als Vertriebsinstrument, als weiße Weste über einer schwarzen Seele ist nicht das, was wir mit Verantwortung meinen. CSR aus Überzeugung, aus Glauben an die Verpflichtung zur Gemeinschaftsorientierung, das ist CSR. Unternehmer, die sich dem anschließen, sind besonders wichtige Gesprächspartner im neuen Dialog, denn sie sind schon von der Grundeinstellung her offen für Mitsprache und Kooperation.

Nun ist die Reichweite unternehmensbezogener CSR begrenzt. Denn der wirtschaftliche Erfolg muss gesichert bleiben. Ein Schafzüchter kann nicht plötzlich nur die halbe Wolle scheren, weil die Tiere in der Kälte leiden, ohne ihren Pelz. Das ginge allenfalls, wenn ihm der Kunde das Doppelte zahlen würde. Aber das wird selten der Fall sein. Ein realistisches Szenario kann erst dann daraus werden, wenn der Züchter *alle anderen* Schafzüchter von der Notwendigkeit überzeugt, einen Rest des Fells bei der Schur stehen zu lassen. Die Wolle wird dann zwar etwas teurer, wie alles, was immaterielle Werte berücksichtigt, aber die Schafhaltung wird artgerechter. Und eine neue Geschäftskultur entsteht – aber eben nur, weil die Gemeinschaft aller Züchter dafür gewonnen werden konnte. Für einen Einzelnen allein ist es nur selten möglich, ohne wirtschaftliche Einbußen aus der Herde auszuscheren. Dagegen können die Initiative eines Einzelnen und seine Überzeugungsarbeit auch gegenüber seinen Kollegen sehr wohl Dinge in Bewegung setzen und neue Marktregeln erreichen.

Allerdings: Nur wenige der Branchen und deren Verbände sind ohne politischen Anstoß trotz aller Lippenbekenntnisse dazu heute schon bereit. Ich erinnere nochmals an die Worte der Nachhaltig-keitssprecherin des BDI,[39] die mir nach einem Gespräch über einen bindenden Wertekodex erklärte, dass sie lediglich die Mitglieder zu vertreten habe; alles, was an nachhaltigem Handeln empfohlen werde, müsse deshalb freiwillig bleiben. Mit anderen Worten: Ein bindender Wertekodex sei nicht möglich. Das ist initiativlose Mutlosigkeit, reine Aufgabenverwaltung! Richtig ist, dass ein Verband durchaus Richtli-nien geben kann, wie im letzten Kapitel anhand des amerikanischen Medizintechnikverbands AdvaMed beschrieben. Aber richtig ist auch, dass es Unternehmer geben muss, die die Initiative ergreifen und ihren Verband auffordern, sich nichtmateriellen Wertethemen zu stellen.

Wenn die Mitglieder nicht den Mut haben, aufzustehen und den Kollegen ins Gewissen zu reden, gleich ob Schafzüchter oder Banker, besteht für den Verband ja kaum ein Anlass, sich zu bewegen. Auf Mut und Initiative im eigenen Umfeld kommt es gerade im harten Konkurrenzumfeld der Wirtschaft an. Wenn die Initiativen dann noch Ideen und Gestaltungskraft kombinieren, Vorschläge für die Branche erarbeiten, die realistisch und lebensnah sind, dann ist das vorbildli-che Führung im Sinne der Social Responsibility. Dennoch, es wird zu oft nicht reichen. Wenn wir wirklich die Akzeptanz neuer Pflichten – gerade solcher, die Umsätze und Gewinne reduzieren können – er-reichen wollen, bedarf es aller verfügbaren Kräfte, bedarf es alter und neuer Druckmittel und der Aufmerksamkeit der Medien. Alle sind gefordert und eben auch die Politik.

Nur zögernd zu nachhaltiger Ordnung

Initiative und Gestaltung sind, gerade weil wir nun über Jahre ent-täuscht wurden, verstärkt von der Politik gefordert. Deren Ruf ist bereits beschädigt durch mangelnde Vorkehrungen gegen Finanzkri-sen und Klimawandel, die erwähnte schwache internationale Durch-setzungskraft, vor allem aber durch das Machtgehabe der Parteien und deren Führungen. Dabei sei durchaus anerkannt, dass sich in Deutschland Bundespräsident und Bundeskanzlerin um Werteorientierung der Wirtschaft und globale Zusammenarbeit bemühen und auch der ehemalige amerikanische Präsident Obama gerne mehr erreicht hätte, wenn es die geistige und politische Situation der USA erlaubt hätte. In der Breite der politischen Mandatsträger aber treten zu oft Profilierungsehrgeiz und Populismus hinter die Aufgabe einer echten Bürgervertretung zurück, fehlt der Mut, in langfristig tragfähige Lösungen zu investieren, wenn es kurzfristig Popularität kosten könnte. Es ist ein Grundproblem der Demokratie, dass sie unseren Egoismen entsprechend nur die nahen Horizonte liebt und mutiges Handeln selten belohnt. Dabei würde die Verpflichtung der Wirtschaftsbranchen, einen Wertekodex einzuführen, eigentlich nur wenig »Mut« der Politik erfordern, denn populär ist ein solches Zügeln von Exzessen heute allemal.

Selbst wenn die Versuche der Wirtschaft, einen solchen Ansatz dünn und zahnlos zu machen, immer jeder Initiative postwendend folgten, gab es in der Vergangenheit einige hochinteressante und leider wenig beachtete Vorgänge: Schon eingangs hatte ich das überraschende Beispiel von Herrn Ackermann, ehemaliger Vorstandschef der Deutschen Bank, erwähnt, der aufgrund erster Anzeichen der beginnenden Finanzkrise vorschlug, Bonussysteme und etliche knifflige Produktfragen durch den IIF, den Weltverband der Privatbanken, regeln zu lassen. Aber hatte daraufhin nicht unter anderem eine der großen Investmentbanken erklärt, sie würde dann den Verband sofort verlassen? Nun, eine harte Gegenreaktion wäre notwendig gewesen. Von der Zivilgesellschaft und von der Politik. Leider aber sind es allzu oft zwei Schwächen zugleich: das Zögern der Politik und das Rollenverständnis der Verbände.

Die Wirtschaftsverbände verweisen dann gern auf die Stärken der Freiheit – ein totes Argument, wie gesagt – und reden vom Versagen der Politik. Und die stößt bei allem, was sie tut, immer wieder auf den Widerspruch der Wirtschaft. Es ist doch jedes Mal das Gleiche. Erst ist die Industrie dagegen, sieht Arbeitsplatzverlust, schwindende Konkurrenzfähigkeit und keine Realisierungschancen. Dann aber, wenn die Verordnung kommt, wird sie schneller umgesetzt als je für möglich gehalten, der Export bricht kaum ein und … am Ende war das Unmögliche doch möglich.

Immer wieder habe ich dieses Szenario beobachtet, diese Rituale der Lobbygruppen der Industrie, wider jede Vernunft und trotz der Notwendigkeit zu handeln. Gleich ob Fluorkohlenwasserstoffe, bleifreies Benzin, Kat oder Rußfilter, ob Mindestlohn oder Mütterfreistellung. Erst einmal wird dagegengeredet, man schreit auf, spricht von der Nichtfinanzierbarkeit und dergleichen mehr. Nicht, dass die Einführung all dieser Maßnahmen kostenneutral gewesen wäre. Die Industrie sorgt schon dafür, dass der Status quo der billigste war. Denn in der Suche nach dem Kostengünstigsten ist sie unschlagbar. Aber in der Regel halten sich die Auswirkungen solcher Vorschläge auch wirtschaftlich im Rahmen, die Initiatoren sind meist durchaus in der Lage, die Machbarkeit zu beurteilen.

Die politische Aufgabe der Systemveränderung

Die politischen Organe gerade auf nationaler und europäischer Ebene könnten sich also durchaus mehr zutrauen. Und das sollten sie auch, denn eine wirklich neue Kraft der Wirtschaftssteuerung wird die Mitbestimmung der Zivilgesellschaft nur, wenn sie politisch begleitet wird, wenn die Verbände aufgefordert werden, sich umfassend zu engagieren für die Ziele einer ökosozialen, fairen Marktwirtschaft. Die klassischen Wirtschaftsverbände sind gut auf nationaler und meist auch europäischer Ebene organisiert, teils als Dachverband vieler sektorbezogener oder regionaler Verbände. Diese Dachverbandsstruktur entspricht den nationalen Grenzen bzw. der der EU und kann Regeln für ihren Wirtschaftsraum vorgeben. Das Konzept funktioniert spannungsfrei, wenn es zum Prinzip der Marktwirtschaft der gesamten Europäischen Union wird. National bleiben die Möglichkeiten begrenzt, denn europäisches Wettbewerbsrecht muss beachtet werden. Wettbewerbsverzerrungen und Kartellrecht sind dabei Hürden, die zu Diskussionen führen werden, denn die Idee des Wertekodex als gemeinsame Handlungsmaxime beinhaltet zwangsläufig branchenweite Absprachen und begrenzt manche Facetten rücksichtslosen Wettbewerbs. Da ist klar, dass manches zur Gratwanderung werden kann. Dennoch, nur wenn der mitbestimmte Wertekodex gesetzliche Grundlagen erhält, kann er voll greifen. Beteiligungspflicht, Branchenordnung, Sanktionen und Kennzeichnung sind minimale Forderungen für ein europaweites Funktionieren, manchmal vielleicht mit einem Vorläufer im nationalen Recht.

Rahmengesetzgebung
Ökosoziale Wirtschaftsverfassung

- Pflicht zum Branchenkodex
- Branchenordnung
- Zusammenspiel Kammern und Verbände
- Zulassungsbedingungen Branchen-
  verbände
- Zulassungsbedingungen NGOs
- Pflichtinhalte Branchenkodex
- Definitionsprozess
- Beratungspflichten und Mitsprache

- Mitbestimmung der Zivilgesellschaft
- Governance-Pflichten und -Inhalte
- Schutz des Labeling
- Ombuds- und Beschwerde-
  organisation
- Auditierung und Sanktionen
- Liste unerwünschter Führungskräfte

Die Rahmengesetzgebung einer ökosozialen Wirtschaftsordnung definiert Ziele, Organe, Informationswege, Verfahren, Instrumentarien und die Sanktionen zur Sicherung ökosozialen Verhaltens von Wirtschaftssektoren.

Europäische Einigkeit gäbe die Basis, um daraus teils auch ein globales Instrument zu machen, etwa mit Beschlüssen der G20 oder der entsprechenden UN-Gremien. Eine globale Regelung wird insbesondere für die Ordnung der Finanzwelt wichtig sein, gerade auch zum Schutz ärmerer Nationen. Jedoch dazu später.

Vor dem Hintergrund der enormen Probleme der realen Marktwirtschaft ist es eine der dringlichsten Aufgaben fortschrittlicher Politik, deutlich mehr zu tun, die Wirtschaft hinsichtlich ihrer gesellschaftlichen Schlüsselverantwortung für Nachhaltigkeit in die

Pflicht zu nehmen. Die mit den Lissabon-Verträgen entstandene neue Handlungsfähigkeit der Europäischen Union schafft gute Voraussetzungen dafür. Der mitbestimmte Wertekodex bietet sich auch auf dieser Grundlage als ein praxisnah gangbarer Weg an, der die Branchenkenntnisse der Politik nicht überfordert und der selektiv und anpassungsfähig eingreifen kann. Die Politik wird von vielen ihrer Probleme entlastet, wenn sie diesen Unterbau einer mitbestimmenden Zivilgesellschaft als stützendes Instrument erkennt. Ohne neue politische Initiativen, ohne überzeugende politische Antworten aber werden kritische Stimmen und aufwallende Empörung gerade in der Zivilgesellschaft weltweit zunehmen und sich langfristig nicht im Zaum halten lassen. Nachhaltigeres, ressourcenschonendes Wirtschaften mit Gefühl für sozialen Ausgleich und globale Fairness ist längst überfällig.

Regierung und Parteien mögen anfänglich zögern, weil sie eine mitbestimmende Zivilgesellschaft als konkurrierendes Ordnungsorgan ansehen könnten. Auf den zweiten Blick werden sie erkennen, dass es ein Weg ist, der durch die Stärke seines Dialogs mehr Bürgernähe schafft, zugleich den Staat entlasten kann und ihm erlaubt, sich stärker auf das Grundsätzliche zurückzuziehen. Eine Systemkomponente wird daraus, wenn die Politik dazu Pflichten festlegt, Sanktionen schützt und die Grundregeln gesetzlich fixiert, wenn sie es also durch eine Rahmengesetzgebung in unser System von Marktwirtschaft und Demokratie einbezieht und es damit »systemimmanent« macht. Das klingt einfach, aber Sie ahnen schon, da steckt noch viel Teufelchen im Detail.

Die Pflicht zum Wertekodex – in einer geordneten Verbandslandschaft

Die zentrale Grundregel für den Gesetzgeber für eine solche »Wirtschaftsverfassung« scheint einfach: Jedes Geschäft unterliegt einem Wertekodex, in Teilen generell umfassend, teils branchenspezifisch. Dieser Wertekodex wird unter Mitbestimmungsregeln erarbeitet, umfasst die wesentlichen Kritikpunkte und könnte unter anderem generell verpflichten zu

- einer weltweiten Umsetzung der Empfehlungen des Global Compact der UN zur Menschenwürde in der Arbeitswelt, der entstehenden ISO-Norm 26.000 zur »Corporate Responsibility« (CR), also den Sozialverpflichtungen der Unternehmen, ergänzt um Steuerehrlichkeit und Bilanzierungstransparenz,
- Produktregeln, die transparent Gesundheit, Qualität und Ressourcenschonung sichern,
- Bonussystemen, die die langfristige Werteentwicklung fördern und nicht zur kurzfristigen Überhitzung reizen, also keine Orientierung am Aktienwert, sondern an Wirtschaftsdaten, an Klima- und Technologiezielen und an sozialer Kompetenz und langfristig orientierter Werteauffassung,
- der Auditierung von Unternehmen,
- werteorientierter Governance und
- dem Führen schwarzer Listen mit unerwünschten Führungskräften und Sanktionen für Fehlverhalten.

Hinzu kommen dann branchenspezifische Regeln zum Beispiel zum Schutz vor Korruption, Regeln zur technologischen Koordination und zum Berichtswesen hinsichtlich Nachhaltigkeit und Umweltschutz. Letztlich bestimmen die Erwartungen der bürgerlichen Gemeinschaft, was in einem Wertekodex wichtig ist.

Politik und Wirtschaft erwachsen mit einem solchen Rahmengesetz viele neue Möglichkeiten, genau wie das Betriebsverfassungsgesetz einen Aktionsrahmen – eine »Verfassung« – für die soziale Ordnung im Unternehmen definiert hat, mit Organen, Mitsprache- und Festlegungsrechten und so weiter. Auch die Festlegung und Durchsetzung eines Wertekodex in den einzelnen Wirtschaftsbranchen kann viel staatliche Bevormundung, Bürokratie und Regelungswut ersetzen. Ein mitbestimmter Wertekodex einer Branche definiert viel besser und auch früher, welche Regeln erforderlich sind und was kaum

Wichtigkeit hat. Die politische Zuarbeit erhält nun andere Prioritäten. Sie schafft den Handlungsrahmen, sichert Kennzeichnungsregeln und überprüft die Brancheneinteilung, die es ja in fast jedem Ministerium gibt. Beides darf nicht ausufern, muss übersichtlich bleiben. Jede Form des Wildwuchses und der Zersplitterung, ob von Verbänden oder Kennzeichnungen, birgt hier von vornherein Missbrauchsgefahr in sich.

Zwangsläufig werden dabei Fragen zu Grenzbereichen aufgeworfen werden, also welcher Verband passt für welches Geschäft, wie arbeiten Verbände und Kammern zusammen, und wie soll die gesetzliche Mitgliedschaft der Verbandslandschaft geordnet werden? Welche NGOs erhalten den Status eines Werte schützenden Verbandes, und was sind freiwillige Zusammenschlüsse, die nur als einseitige Interessenvertretung gelten können? Das Nebeneinander der Kammern – für die eine gesetzlich verpflichtende Mitgliedschaft gilt – und der mehrerer tausend Wirtschaftsverbände mit freiwilliger Mitgliedschaft braucht hier Koordination. Der Gesetzgeber muss Regeln und Gruppierungen unterstützen, die praktikable Dächer über der breiten Unternehmenslandschaft errichten und die all das, was nicht darunter will, aus der Geschäftsfähigkeit ausschließen. Klar, dass solche Eingriffe im europäischen Kontext erfolgen müssen und zugleich Forderungen sind an die außereuropäischen Handelspartner und deren Importeure, aber die EU sollte ihre Kraft als einer der größten Märkte nicht unterschätzen. Sie hat es mit dem beschriebenen Instrumentarium in der Hand, die Auswirkungen der Globalisierung auf Europa zu zähmen.

Zahnlos ohne Beobachtung und Sanktionen

Deutlich verbesserte Wirksamkeit entsteht, wenn der Gesetzgeber den so entstandenen Wertekodizes gesetzlich geschützte Rahmenbedingungen gibt. Oder auch einen Sektor speziell auffordert, sich intern entsprechend zu ordnen. Einer der wenigen Bereiche, bei der der Gesetzgeber die Selbstüberwachung einforderte, ist die Entsorgungswirtschaft. Sie wurde durch Gesetz gezwungen, intern ein eigenes Ordnungs- und Überwachungssystem zu organisieren, mit recht gutem Ergebnis. Vor allem aber wichtig ist die Wahl wirksamer Sanktionen, die gesetzlich unterstützt sein sollten.

Dazu gehört vor allem die Möglichkeit des *Funktionsverbots* für Leitungs- und Fachkräfte, denen Fehlverhalten nachgewiesen wurde. Es handelt sich nicht um ein Berufsverbot, sondern z. B. um eine (zeitweise) Sperre zur Ausübung von bestimmten Leitungs- und Entscheidungsfunktionen. Denn es nützt wenig, wenn der Presserat die *Bild*-Zeitung im Zusammenhang mit den Vorwürfen gegen Bundespräsident Wulff und Verdächtigungen seiner Frau mehrfach wegen erwiesener Unwahrheit ermahnt, aber ohne Konsequenzen. Und wegen der guten Verkaufszahlen kommt es sogar zu wiederholten Verstößen. Klar, die Zeitung wird deshalb nicht verschwinden. Aber den verantwortlichen Redakteur für seine Leitungsfunktionen zu sperren und auch den jeweiligen Journalisten Kontrollvorgaben zu machen würde klare Zeichen setzen.

Branchenspezifische Governance einer ökosozialen Marktwirtschaft

Ein weiterer wichtiger Schritt für jeden qualitativ hochwertigen Wertekodex ist, durch regelmäßige Berichterstattung und Kommunikation, auch zugänglich für die interessierte Zivilgesellschaft, Transparenz zu zeigen. Dies erlaubt eine branchenspezifische Beurteilung der Spielregeln von Wirtschaftsbranchen im Dialog mit Fachkräften der Zivilgesellschaft. Frühzeitig kann man koordiniert auf bedenkliche Trends reagieren, man kann präventiv informieren und Maßnahmenprogramme anstoßen.

Es entsteht ein besserer Tiefgang des gesellschaftlichen Dialogs durch instrumentalisierte Quervernetzung von NGOs und Wirtschaft. Unternehmen suchen nach Differenzierung und Freiheit. Aber sie respektieren die Pflicht zur Compliance, gleich ob durch den Gesetzgeber oder durch brancheneigene Regelvorgaben definiert. Dies vor allem dann, wenn das Auge der Öffentlichkeit und deren Zivilgesellschaft mit wacht. Die politische Vorgabe für ein selbstverwaltetes Governance-Instrumentarium ergänzt das harte »Gesetz« durch einen weicheren und flexibleren Druck einheitlichen Handelns von Wirtschaftsbranchen bei kritischen Wertethemen. Und schließlich hat es durch seine inhärente Motivation zu Weiterbildung und Dialog und nicht zuletzt durch die »Abschreckung« von Sanktionen und öffentliche Beachtung eine hohe präventive Wirkung.

Zusammenfassend: Die enormen Möglichkeiten von Unternehmenszusammenschlüssen zur Selbstregulierung von Problembereichen werden heute vor allem für einen differenzierenden Marktauftritt eingesetzt, bekräftigt durch Label und Zertifikate. Dagegen noch kaum aktiviert sind die Möglichkeiten, Selbstverwaltung für gesamte Wirtschaftssektoren umfassend und verbindlich einzusetzen. Das bedingt eine politische Vorgabe, denn flächendeckender Einsatz führt zu einem Paradigmenwechsel. Während freiwillige Partnerschaften eine differenzierte Preisstellung und Marktattraktivität erreichen können, fällt dieser Vorteil bei sektorweiten Verpflichtungen weg. Gerade das Interesse von an den Zielen der Nachhaltigkeit aufgeschlossenen Unternehmen sinkt, eine Innenmotivation der Marktwirtschaft ist nicht gegeben. Branchenspezifische Regelungen zu erreichen bedarf deshalb des Anstoßes durch den Gesetzgeber. Er kann Selbstverwaltung einfordern durch Gesetz oder Verordnung, so wie es wie erwähnt z. B. im Bereich der Entsorgerwirtschaft[40] getan wurde, und dies zum Standardinstrumentarium problemspezifischer Governance von Marktsektoren machen.

Regeln verhindern – Tagesroutine der Lobbyorganisationen

Freude löst dies bei den betroffenen Firmen allerdings wohl nicht aus. Die großen Wirtschaftsverbände und auch die Dachverbände der Berufs- und Wirtschaftskammern sind bestens geschult, die staatliche Durchsetzungskraft zu schwächen. Es ist eine Automatik der Lobbykultur. Man ist von Berufs wegen dagegen. Verantwortung zu übernehmen – womöglich Freiheiten beschränkende Verantwortung –, dazu sind die meisten Verbände nicht bereit – und auch nicht gefordert von Politik und Gesellschaft.

Wenn der Staat aber erkennt, dass er ganz im Sinne der EU-Vorschläge das Instrument der Selbst- und Koregulierung einfordern kann, dann ergibt sich ein anderes Bild. Denn eine Komponente ist ein verbesserter Dialog der Zivilgesellschaft mit der Wirtschaft. Und die Fachkompetenz der Zivilgesellschaft wird dann vom System her in die Governance der Wirtschaftsbranchen einbezogen. Damit – wage ich zu behaupten – entsteht ein geändertes Wirtschaftsmodell, das sich viel stärker um Werte kümmert und deshalb seine soziale Akzeptanz deutlich verbessert. Aber man muss es einfordern, als freiwillige Vorlage wird es von den großen Verbänden kaum kommen. Das ist die politische Aufgabe.

Solange sich weder die großen Wirtschaftsverbände noch die Politik bewegen, bleiben Unternehmenspartnerschaften, die von »unten«, aus der breiten Firmenlandschaft des Mittelstands, entstehen, wichtig. Ihre Qualitäts- und Werteversprechen treffen auf eine Kundschaft, die Kultur und Methoden der Werteverachtung durch Konzerne und Marktmanipulatoren ablehnt und mit ihrer »kaufenden Hand« Alternativen stärken wird. Bleiben die etablierten Verbände und Kammern und die sie unterstützenden Parteien dann weiter unbeweglich, dann wird Schumpeters Marktgesetz der schöpferischen Kraft der Zerstörung auch sie treffen. Langfristig kann eine zu egoistische Struktur von Interessenvertretungen gesellschaftlichen Forderungen nicht widerstehen. Sie geht dann in Bedeutungslosigkeit und Verachtung unter.

Protektionismus? Ja, sicher

Das übliche Argument gegen den verpflichtenden Wertekodex ist die reduzierte internationale Konkurrenzfähigkeit, denn er gilt ja in der Regel nicht weltweit. Wertemissachtung ist im internationalen Geschäft immer ein Wettbewerbsvorteil. Die Durchsetzung erfordert protektionistische Maßnahmen, also Handelsboykott, Carbon-Tax (die Besteuerung von Produkten, die die Umwelt stark belasten) und andere Importvorgaben. Und all diese Sondermaßnahmen sind tatsächlich das stärkste Gegenargument gegen alle Werte sichernden Maßnahmen. Aber Wertesicherung auch im internationalen Geschäft ist eigentlich nichts Neues, sie war nur bisher eben primär beschränkt auf produktnahe Themen der Qualität, Sicherheit und Verbraucherschutz allgemein. Nationale Verordnungen über Produktqualität, Herstellungsprozesse und Prüfverfahren sind weltweit üblich und sind in der Industrie mit Recht gefürchtet. Denn sie müssen beachtet werden.

Dennoch versteht es sich von selbst, dass die Sicherung der internationalen Konkurrenzfähigkeit auch in einem Wertekodex gewährleistet sein muss. Aber sie schafft auch Wettbewerbsvorteile. War der alte Slogan des »Made in Germany« ursprünglich als stigmatisierende Kennzeichnung gedacht, damit vor allem britische Konsumenten deutsche Produkte in Kriegszeiten besser boykottieren konnten, so wurde er doch bald zum Markenzeichen und Qualitätssiegel. Das heißt, man kann eine vermeintliche Marktschwäche auch zum Vorteil wandeln. Setzt ein Unternehmen verstärkt auf Nachhaltigkeitskriterien und vertritt diese auch nach außen in seinen Marketingstrategien, kann man neue Käufer finden, sich damit Preisvorteile sichern und Kostennachteile ausgleichen. Mit anderen Worten: Mit der Einhaltung eines Wertekodex kann man global eine neue, bewusst agierende Käuferschicht erschließen, bei der man gerade wegen des Kodex punktet.

Die Schaffung eines Wertekodex und seine internationale Einordnung bleiben dennoch eine große Herausforderung für den Gesetzgeber, insbesondere im nationalen Bereich. Denn jede Wertesicherung auf dem nationalen Markt kann auf internationaler Ebene einen Handelskrieg auslösen, sicher ist eine Konformität der Europäischen Kommission keineswegs. Die Regierungen haben reichlich Erfahrung damit. Lange Zeit waren die Japaner am extremsten und legten selbst für Golf- und Tennisschläger nationale Vorschriften fest. Für fast alle Marktsektoren mussten die Hersteller speziell für Japan gefertigte

Produkte bauen, bis internationaler Druck diese Extrema niederrang. Golf und Tennis sind weltweit übliche Sportarten, die Argumente der Japaner waren dünn. Und die Schläger zuzulassen ist schließlich Sache der Weltverbände dieser Sportarten.

Nationale Regeln wurden gerade im Sport längst durch weltweit gültige Regeln ersetzt, genau das, was wir uns für den Wertekodex mancher Branchen wünschen würden. Aber nach wie vor gibt es für nahezu jeden Wirtschaftszweig und jeden Wirtschaftsraum Importregeln, die der Importeur beachten muss. Wie sonst soll denn Werteschutz gelingen, wenn nicht durch Schutzmaßnahmen an der Grenze? Ein Extrembeispiel ist dabei die amerikanische Behörde für Pharmaka, Ernährung und Kosmetik, die sogenannte FDA.[41]

Noch gut erinnere ich mich, wie der Brief der FDA bei uns in der Siemens-Zentrale wie ein Blitz einschlug. Nach Jahren der Konzentration auf den Pharmabereich hatte die Behörde nun auch für die Firmen der Medizintechnik sehr viel strengere und aus unserer Sicht sehr amerikanische Maßstäbe angelegt. Nach mehreren großen Inspektionen und vielen überraschenden und aus unserer Sicht unberechtigten Beanstandungen sperrte sie den Import aus Europa für viele unserer medizintechnischen Geräte. Das war Mitte der Neunzigerjahre. Die neuen Regeln führten in unserem Fall zu einem echten Clash der Kulturen. Denn ein deutscher Feinmechaniker weiß, wie man Fertigungteile präzise vermisst, was eine gute Lackierung ist und welche Toleranzen noch akzeptiert werden können. Die amerikanische Behörde aber war an fachlich qualifizierter Ausbildung allein nicht interessiert, sie wollte mehr. Sie verlangte, dass alle Messverfahren, alle Materialien, jede Oberflächenveredelung und jede Toleranz genauestens beschrieben wird ohne jeden Spielraum für die Urteilsfähigkeit des Fachmanns. Alle Proteste und Diskussionen nützten nichts, Handelsbarrieren kann man nur durch Gehorsamkeit überwinden. Und genau das müssen wir auch in Bezug auf Wertekodizes von all den importierenden Firmen verlangen, die am europäischen Markt tätig sein wollen.

Natürlich geht das nicht von heute auf morgen. Regeln werden immer mit Übergangszeiten festgelegt. Werden sie als Importhemmnisse empfunden, sind sie rasch Gesprächsthema der Welthandelsorganisation, der WTO, die die Regeln des internationalen Handels festlegt. Sie kann durchaus helfen, gerade beim Klimaschutz, aber auch bei anderen Wertethemen, eine internationale Beachtung durchzusetzen. Es gibt also längst eingespielte Verfahren, Werte weltweit zu sichern. Die Ausdehnung auf Regeln der Nachhaltigkeit und des generellen Werteschutzes wäre nur ein administrativer Schritt, anzustoßen durch den Gesetzgeber. Klar, dass das auch kontinuierliches Bohren und immer wieder mahnenden Druck durch die Zivilgesellschaft erfordert. In den Fällen, in denen weltweite Regeln nicht durchsetzbar sein werden, muss die Wertesicherung an der Grenze beginnen. Protektionismus? Ja, sicher! Wie sonst sollen Werte denn geschützt werden?

Wobei nochmals betont werden soll, dass ein gesetzlich geschützter Wertekodex die internationale Konkurrenzfreiheit erhalten und natürlich praktikabel sein und auch zeitlich einen gewissen Bestand haben muss. Insofern ist auch die Zivilgesellschaft bei Wertegesprächen gefordert, Realitätssinn und Augenmaß zu wahren. Das dafür notwendige gegenseitige Verständnis ist wichtiger Erfolgsfaktor für einen guten Dialog.

Ob dabei zunächst nationale oder von vornherein Gespräche auf europäischer Basis sinnvoll sind, hängt von der Einheitlichkeit der Branche und von der Existenz eines starken europäischen Verbandes und einer auf das Thema eingestimmten Zivilgesellschaft ab. Im Normalfall wird man zunächst auf nationaler Ebene mit dem Dialog beginnen, der zu einem empfohlenen Wertekodex führt, der wiederum Grundlage für die gesamteuropäische Diskussion sein kann und Bindungswirkung. Das wird Zeit und Geduld brauchen. Als Belohnung winkt eine weichere, faire und stärker auf Gemeinsinn ausgerichtete Marktwirtschaft, ein neues, höheres Plateau einer mitbestimmten Marktwirtschaft unter Berücksichtigung der Konkurrenzfähigkeit und angepasst an die heutigen Forderungen der sozialen Verantwortung.

Es liegt dann an den Führungskräften der Unternehmen, die neuen Möglichkeiten kooperativ zu nutzen. Nicht alle werden begeistert sein und ihrer Neigung, Regeln zu umgehen, freien Lauf lassen. Auch das Umgehen von Gesetzen und Regeln ist Führung, nur eben Führung in eine egoistische, gesellschaftsfeindliche Richtung. Wobei es interessanterweise immer wieder die Gleichen sind, die durch derlei Spielchen auffallen. Gerade weil jede Entscheidung immer auch auf persönlicher Verantwortung fußt, hat es keinen Sinn, nur Firmen die Sperre der Geschäftstätigkeit anzudrohen.

Es sind die Personen, die für Führungspositionen gesperrt werden müssen – im Sinne etwa der erwähnten britischen schwarzen Liste »unerwünschter« Aufsichtsräte. Wenn ein Branchenverband sich auf einen Wertekodex festlegen soll, muss er ihn durchsetzen können, und das erfordert zwingend die Rechte zur Auditierung und, darauf aufbauend, Rechte zur Sperre von Personen für Führungsfunktionen. Damit meine ich kein vollständiges Berufsverbot, aber es sperrt die Eignung für höhere Verantwortung.

Mitbestimmung der Zivilgesellschaft

Solche politische Begleitung und teils auch Führung ist erforderlich, um das Instrument der Mitbestimmung der Zivilgesellschaft zur geschärften Waffe werden zu lassen. Dazu ist der Mut der Politik gegen die unvermeidlichen Widerstände der Verbände gefordert – und bei dieser Machtkonstellation wird mancher mit Recht skeptisch sein. Aber als Auftakt können erste runde Tische der Zivilgesellschaft – begleitet von sachkundigen Wissenschaftlern – versucht werden und den (widerspenstigen) Wirtschaftsverband und die zuständige Wirtschaftskammer sowie einige Unternehmer zum Gespräch einladen.

Aus diesem Gedankenaustausch kann ein Gefühl für den realistisch vernünftigen Mittelweg, auf den man sich einigen könnte, entstehen. Auf diese Weise wird aus der früher nur gelegentlich gehörten Stimme der Zivilgesellschaft allmählich ein Dialog, begleitet von neuer gesellschaftlicher Wachsamkeit. Der Gesetzgeber kann das fördern und kann – aufbauend auch auf diesen Erfahrungen – beginnen, einen Ordnungsrahmen abzustecken, der selbstregelnde Immunkräfte in den Märkten weckt und nicht zulässt, dass »Selbstverpflichtungen« leere Worthülsen bleiben, und der die Schwächen der Marktteilnehmer besser berücksichtigt. Nah an den Möglichkeiten der Branche, aber auch nah an den Erwartungen, welche die Gesellschaft an sie stellt.

Mittelfristig entsteht eine umfassende Sicherung gesellschaftlicher Werte entsprechend einer generationenübergreifenden ökosozialen Zielsetzung, die weit über den heutigen Sozialstaat hinausgeht. Die primär auf Sozialnetze fokussierte soziale Marktwirtschaft wandelt sich zu einer ökosozialen Form, die Nachhaltigkeit und Generationengerechtigkeit als gleichwertige Ziele mit einbezieht.

Nun sind wir gewohnt: Rückschläge und Enttäuschungen liegen am Weg jeder Veränderung. Druck ist es, der Hinhaltetaktik und Unbelehrbarkeit besiegt. Druck, im Idealfall gemeinsamer Druck aller auf Nachhaltigkeit ausgerichteten Organisationen, kann durchsetzen – auch international mit den neuen Möglichkeiten einer global vernetzten Welt, mit breit angelegter Kooperation mit den Medien, mit Onlinekommunikation, Internetportalen und aufmerksamer Begleitung der internationalen Politik- und Wirtschaftstreffen. So unterstützte öffentliche Meinungsbildung erweist sich bekanntlich als besonders wirksam.

Die Zivilgesellschaft – die vierte Kraft
demokratischer Ordnung?

Aber kann das »dumme Volk« diese Funktion der Mitbestimmung auch leisten? Wer kennt sie nicht, diese Äußerungen manches Politikers hinter vorgehaltener Hand? Kein Zweifel, politische und wirtschaftliche Arbeit sind komplex, brauchen viel Sachkenntnis – und dennoch sind sie unvollkommen, wenn sie die themenbezogene Einbindung der Bürger nicht umsetzt.

Durch die Mitspracheinstrumente der Marktwirtschaft entsteht eine umfassende, eine systemimmanente Einbindung der Zivilgesellschaft in Entscheidungsprozesse der Politik und Wirtschaft. Es ist eine Mitbestimmung, die Wissen hebt, denn getragen von Beteiligung von Millionen von Bürgern, werden die werteorientierten Organisationen begleitet von Wissenschaftszweigen wie der Wirtschaftsethik, der Umwelt- und Ressourcenforschung, der Managementlehre oder der Sozialwissenschaften. So entsteht ein werteorientierter Kulturwandel der gesellschaftlichen Steuerungsprozesse. Die bürgerliche Mitsprache würde durch die gesetzliche Vorgabe zur instrumentalisierten vierten Kraft.

Der klassische Ordnungsrahmen umfasst bekanntlich die drei Ordnungskräfte der Legislative als Gesetzgebungsorgan, der Exekutive, also der Umsetzung durch die staatlichen Organisationen, und der Judikative als Sanktionsinstanz in Form der Gerichte. Eine »systemimmanente« vierte Kraft, also zwingender Teil der Entscheidungprozesse, wird das, wenn die bisher frei im Raum schwebenden Meinungsäußerungen der in der Zivilgesellschaft organisierten Bürgerschaft eine gesetzlich verankerte Mitsprache mit Anhörungspflichten und Mitbestimmungsrechten erhalten. Jeder weiß dabei, dass heute hinter all diesen NGOs eng vernetzte soziale Netze stehen, die Abstimmung und Meinungsbildung wesentlich mit beeinflussen. Es sind nicht mehr die »Medien« allein, zumindest nicht mehr Print und TV allein, die die vierte Kraft bilden. Es ist die über Onlineportale und soziale Netze verflochtene Bürgerschaft, teils organisiert als NGOs, die die vierte Kraft mit bildet – und es ist müßig zu grübeln, welche die stärkere ist. Der sogenannte arabische Frühling entstand ohne die Printmedien. Und auch Donald Trump gewann wesentlich durch die neuen Technologien und deren Vernetzung, beispielsweise mit Twitter und mit Bots – der Massenverteilung von unbestellten Mails, meist mit verzerrten Botschaften. Klar also, wie die vierte Kraft heute aussieht: die Mischung aller Kommunikationsmittel, mit den Bürgern als Initiatoren und Lesern, Youtube, Snapshot und Video natürlich inklusive.

Mit all dem hat die Mitbestimmung der Zivilgesellschaft und der Wissenschaft eine Dialogplattform, die der Komplexität heutiger Märkte entspricht und Themen schnell und flexibel verstehen und begleiten kann. Ob begeistert oder nicht, es ist die aktuelle Kraftmischung zur kritischen Beobachtung des immer wieder anzupassenden Ordnungsrahmens. Ohne ihn ist die Herde der wilden Reiter, als die man die Unternehmer der Marktwirtschaft bezeichnen kann, nicht in geordneten Bahnen, nicht ausreichend auf dem Weg des ehrbaren Kaufmanns zu halten. Das wachsame Auge von NGOs und Wissenschaft ist die richtige Begleitung.

Um Missverständnissen vorzubeugen: Der geforderte selbstorganisierte Ordnungsrahmen entbindet auch mit staatlicher Begleitung nicht den einzelnen Marktteilnehmer, gleich ob Führungskraft, mitlaufender Akteur oder Kunde, von seiner Verantwortung. Gesetze und Kodizes können Ethik und Moral nur ergänzen, ganz ersetzen können sie ein Wertevakuum nicht. Werteorientierung der Akteure und ein gut ordnendes staatliches System sind gemeinsame Voraussetzung für eine positive Gemeinschaft. Wir als Europäer haben die Basis dazu. Viele andere Länder leiden unter der Bürde, dass der vorhandene Ordnungsrahmen nicht stark genug ist, um bürgerliche Rechte und Erwartungen der Gemeinschaft zu sichern.

Ist das alles Utopie? Es mag sein. Aber eine Utopie war die Demokratie in Zeiten der Monarchie auch. Utopien waren die sozialen Sicherungsnetze und die betriebliche Mitbestimmung im reinen Kapitalismus. Eine Utopie war die deutsche Wiedervereinigung, die Europäische Gemeinschaft, die Loslösung der USA von der Kolonialherrschaft Großbritanniens, alles in unserer geordneten Zivilisation war zunächst einmal Utopie. Dann aber entscheidet die Entschlossenheit der Unzufriedenen, ob aus einer Utopie Wirklichkeit werden kann. Ihr Zusammenhalt und die Kraft der jeweiligen »Eliten« bestimmt, mit welchem Modell Missständen begegnet und ob ein neues Plateau gesellschaftlicher Ordnung erreicht wird.

Es kann wohl keinen Zweifel geben, dass als Weiterentwicklung der heutigen »sozialen« Marktwirtschaft mit ihrer wachstumsgierigen Kurzfristigkeit, ihren generationsbezogenen Egoismen, ihrem enormen Schuldenberg und vor allem ihrem fehlenden Respekt vor langfristigen Gleichgewichten eine gesellschaftliche Ordnung entstehen muss, die Gemeinsinn, Nachhaltigkeit und Generationengerechtigkeit in den Mittelpunkt stellt. Das ist das Ziel der mitbestimmten Marktwirtschaft, eines mitbestimmten Kapitalismus, der durch den Arm der wertebezogenen Zivilgesellschaft jedem die Möglichkeit gibt, Zeichen zu setzen und seine Prioritäten einzubringen. Utopie? Vielleicht. Erreichbar, ja, natürlich – aber nur mit dem Willen zur Veränderung.

Mit dem Appell an die politischen Institutionen, aus der vermeintlichen Utopie Realität werden zu lassen, könnte dieses Buch enden. Die folgenden Themenkreise Klimawandel und Finanzwirtschaft allerdings untermauern das Potenzial. Kenner dieser Themen mögen diese überspringen zum Schlusskapitel »Governance«, zur Frage der für jeden Wandel notwendigen starken Institutionen und einer unabhängigen, entschlossenen Führung.

KAPITEL V

Die Klimaverantwortung

Prolog: Klimawandel, das Versagen
einer Generation

Ich war schockiert. Gerade hatte Hans Josef Fell gezeigt, wie die
Bundesregierung die Energiewende abgedreht und den CO_2-Rückgang
zum Stillstand gebracht hatte.[42] Hans Josef Fell ist Fachmann. Er hatte
vor 15 Jahren das Erneuerbare-Energien-Gesetz geschrieben, das EEG,
das die neuen Energieformen mit künstlich subventionierten Preisen
attraktiv machte, dies aber nicht aus Steuergeldern, sondern aus einer
vom Verbraucher zu bezahlenden Umlage finanzierte – die Industrie
dabei weitgehend ausgenommen. Ein deshalb sehr umstrittenes Gesetz – ich gehe später nochmals darauf ein – und eben wenig Verän-
derungsanreiz für die Industrie und auch keine gleichmäßig für alle zu
zahlende Emissionspönale beispielsweise als CO_2-Steuer.

Man kann über das Modell streiten, nicht aber über den Erfolg.
Wind- und Solarstrom sind heute die billigste Energieform. Bei güns-
tigen Standortvoraussetzungen liegen sie heute bei der Hälfte des
Kohlestroms. Aber, und das ist das Schockierende, statt zügigen Ersat-
zes u. a. der klimaschädigenden Kohle wurde der Ausbau der neuen
Energieformen abgebremst, vielen Bürgerinitiativen durch Ausschrei-
bungen und »Deckelung« der Freiraum genommen und die Investitionen in Erneuerbare auf diese Weise halbiert! Fell hatte gerade in
der Münchner Umwelt-Akademie die neuesten Grafiken gezeigt[43] –
mit eben diesen Ergebnissen –, und das war der Schock, den ich erst
verdauen musste. Wie konnte man nur so wahnsinnig sein und den

Erneuerbaren trotz Kostenvorteilen die Ausbreitung beschneiden bei rasch fortschreitendem Klimawandel?

Klimawandel gilt heute als »Faktum«. Dass er kommen würde, war schon vor zehn, ja vor zwanzig Jahren klar. Aber zu wenig geschah. Der Klimawandel ist nun die größte Sünde der »Nachhaltigkeits«-Verantwortung, die eine Generation begehen kann, denn der Klimawandel ist irreversibel. Er erschwert zunehmend die Lebensbedingungen aller Menschen, durchaus auch bei uns, vorrangig aber bei denen, die in Schwellenländern und in klimatisch exponierten Regionen leben.

Besonders spannend ist die Frage, ob die Klimaveränderung im Moment nur die in vielen Regionen Europas sichtbaren »harmloseren« Veränderungen wie etwa das Abschmelzen der Gletscher bedingt oder ob schon einer der zehn besonders gefürchteten »Tipping Points« kippt.[44] Damit gemeint ist eine irreversible Veränderung, so wie ein Wasserglas beim Überschreiten des Kippwinkels umfällt und leer läuft. Die zuletzt deutlich geringere, aber für das Klima enorm wichtige winterliche Vereisung der Meeresoberflächen könnte eine schreckliche Botschaft aus der letztjährigen Beobachtung sein: Im Herbst baute sich die Eisfläche kaum mehr auf wie bisher üblich, und es kam zu einem verfrühten erheblichen Abschmelzen. Es könnte der Vorbote des Zusammenbruchs des Golfstroms sein, mit fundamentalen Wirkungen auf das Klima und die Bewohnbarkeit weiter Teile Europas.

Nun möchte man meinen, dass vor dem Hintergrund der enormen öffentlichen Besorgnis einiges gegen den Klimawandel unternommen werde. Das Naheliegende wäre eine Pönale für die klimaschädigende Luftverschmutzung gewesen, also eine CO_2-Steuer. Verschmutzungsrechte mit einer Abgabe zu verbinden ist nicht ungewöhnlich, und der für Kohlendioxidemission als angebracht geltende Betrag beträgt etwa 30 Euro pro Tonne. Aber die europäische Wirtschaft meinte, damit wäre sie am Weltmarkt nicht mehr konkurrenzfähig, und verhinderte dieses am besten geeignete Instrument einer verursacherbezogenen Kostenerhöhung von Klimagasemissionen.

Also hat beispielsweise Deutschland das erwähnte Erneuerbare-Energien-Gesetz eingeführt. Es belastet jährlich die Normalverbraucher mit circa 30 Milliarden Euro! Allerdings ohne nennenswerte Auswirkung: Die CO_2-Emission ist nicht zurückgegangen, sie blieb mit diesem Aufwand gerade einmal konstant. Das Gesetz ist die typische Konsequenz planwirtschaftlichen Denkens. Es war klar, dass die sogenannten erneuerbaren Energien, also Wind, Sonne, Biogas und Geothermie, noch nicht wirtschaftlich waren und deren Entwicklung mit Preisgarantien gefördert werden musste. Also beschloss man, die Alternativenergien durch garantierte Festpreise zu fördern, deren Unwirtschaftlichkeit aus einer Verbraucherumlage finanziert wird. Investoren erhielten also einen auf 20 Jahre fixierten Preis je erzeugter Kilowattstunde.

Die staatliche Festsetzung von Preisen ist Planwirtschaft in Reinkultur. Das größte Problem dabei ist die mangelnde Flexibilität trotz anfänglich vielleicht richtiger Überlegung. Märkte reagieren rasch und flexibel, die Politik nur langsam oder gar nicht, so auch in diesem Fall. Allerdings war hier schon die Anfangsüberlegung mangelhaft: Denn wir brauchen nicht nur alternative Stromerzeugung, wir brauchen sie auch dem Tagesverlauf des Bedarfs entsprechend.

Mit anderen Worten: Die Einspeisung und die Preise hätten sich an der Tageszeit orientieren müssen – was wegen der starken Fluktuation von Sonne und Wind natürlich auch eine Förderung der Kurzzeitspeicherung der Energie bedingt. Aber das blieb im Gesetz außen vor, und damit entstand die sogenannte Mittagsspitze der Fotovoltaik, die in den Mittagsstunden zum völligen Zusammenbruch der Strompreise führte. Die Konsequenz daraus ist, dass bisherige Energieformen, insbesondere Kohle und auch die Wasserkraft, die nur sehr langsam regeln können, nicht mehr wirtschaftlich sind, denn der Absatz in den wichtigen Mittagsstunden fällt aus und damit ein wichtiger Teil der Gewinnmarge.

Auch der Verbraucher hat bis heute keinen Vorteil vom Mittagsverfall des täglichen Strompreises. Die in der Fläche dazu notwendigen zeitabhängigen Messverfahren sind noch nicht einmal in der Breite ange-laufen. Diese Planungsschwäche überlagerte sich mit der raschen Kostenermäßigung der Solarmodule durch die chinesischen Förderprogramme. Das führt zu nochmaligen Zusatzbelastungen der Verbraucher, weil die subventionierten Festpreise sich zu weit von den Marktpreisen entfernten. Und wie schon vor zehn Jahren im Buch *Plateau 3* vorhergesagt, war eine weitere Konsequenz die mangelnde Konkurrenzfähigkeit der deutschen Industrie, denn die deutschen und die chinesischen Kostenniveaus liegen bekanntlich meilenweit auseinander – die deutsche Politik verkaufte das EEG-Programm dennoch auch als Wirtschaftsförderung.

Wie dem auch immer sei, die neuen Energieformen sind nun konkurrenzfähig – zumindest Sonne und Wind –, und dieser Hebel wäre noch viel stärker, wenn endlich die CO_2-Steuer eingeführt würde. Dies kombiniert mit einer Vorgabe an die Energieversorger, in welchem Tempo sie jährlich ihr Angebot an fossilen Energien reduzieren müssen, wäre von Anfang an der bessere Weg gewesen und wäre dies bei den jetzigen Kostenvorteilen der erneuerbaren Energien erst recht. Man könnte beispielsweise 5 Prozent jährliche Reduktion vorschreiben, dann blieben noch circa 20 Prozent im Jahr 2030 aus fossiler Energie. Das wäre die richtige Nachfolge für das EEG, ergänzt durch den Zwang, wenigstens die Ausstattung der geförderten Fotovoltaik- und Windanlagen mit Speicherung zu erzwingen und damit die Unwirtschaftlichkeit der Grundlastversorgung zu beenden. Das EEG hatte die hohe Priorität der Speicherung einfach ignoriert, trotz der offensichtlich hohen Bedeutung. Die momentane Situation, insbesondere teure Windkraftanlagen nun einfach abzuschalten zum Schutz der fossilen Grundlastversorgung oder auch, weil man nicht weiß, wohin mit dem Solarstrom, unterstreicht die Hilflosigkeit unserer Politik und zeigt, wie selbstgefällig man letztlich mit den Herausforderungen der Klimaveränderung umgeht. Mit Lösungen wie »Power to Gas« entwickelt sich die Speicherung nun rasch, muss aber fast ohne Förderung auskommen mit entsprechend langsamerer Entwicklung.

Was aber vor allem fehlt, ist der Zwang des Gesetzgebers, in allen für das Klima wichtigen Wirtschaftssektoren eine verpflichtende Leitlinie zur zügigen Änderung der Geschäftspraktiken zu installieren. Ob Automobilindustrie, Baubranche, Handwerk oder Industrieproduktion, sie alle wissen am besten, wie sie diesen Umbau am raschesten vollziehen könnten. Aber da der Gesetzgeber unverändert meint, er müsse die richtigen Schritte selbst erdenken und dann vorschreiben, entstanden nicht nur das aktuelle Chaos und die geringe Wirksamkeit. Nach wie vor werden die Maßnahmen gegen den Klimawandel nicht beschleunigt, vielmehr eher gebremst.

Das wiegt heute deshalb noch wesentlich schwerer als vor zehn oder zwanzig Jahren, weil nun, wie gesagt, die Technologien weit genug entwickelt sind, die fossilen Energieformen konsequent und mit nur geringem marktwirtschaftlichen Schaden abzulösen. Nur im Automobilbereich wurde durch die EU-Kommission eine zügige Umstellung auf alternative Antriebe forciert. Zwar spät, aber nun laufen die Entwicklungsanstrengungen der Automobilproduzenten zur Umsetzung auf Hochtouren.

Auch zu wenig geschieht im Bausektor. Hier wäre die branchenspezifische Erarbeitung von Leitlinien besonders geeignet. Eine Änderung des Kammerrechts beispielsweise könnte für Architekten und Bauingenieure sowie das zuarbeitende Handwerk selbst verwaltete Verpflichtungen zu Energieeffizienz und carbonarmer Bauweise, zu Landverbrauch, Biodiversität und nachhaltiger Wassernutzung erzwingen. Analog kann eine Leitlinie der Industrie- und Handelskammern den Umstellungsdruck von Industrie und Handel gerade bei Baumaßnahmen und im Energiebereich erheblich erhöhen. Weitere Themen können Branchenregeln zur Förderung nachhaltiger Geldanlagen oder in den Wertschöpfungsketten des internationalen Handels sein und sogar Leitlinien für Medien und die IT-Branche zur Verbrauchermotivation. Aber es sind Lösungen, die besser nicht nur »freiwillig« von den Verbänden, sondern ergänzt durch politische Vorgabe entstehen würden. Es bedingt den politischen und öffentlichen Willen und eine Auflockerung der Lobbykultur hin zu stärkerer Problemakzeptanz und mehr Eigenverantwortung. Das folgende Kapitel zeigt die Komplexität und gibt ein Gefühl, warum hier Regelungen branchenspezifisch und von innen heraus angegangen werden müssen – oder die Abbremsung des Klimawandels misslingt.

Die falschen Götzen

Es stank. Bisher war mir das noch nie aufgefallen. Zu sehr hatten mich der Glanz des Chroms und die Formen der Fahrzeuge, überhaupt das ganze Flair dieser Veranstaltung in ihren Bann gezogen. Ich war Teilnehmer der Südtirol Classic, einer berühmten Oldtimerralley, und sah dem Start der sogenannten Vintage-Klasse, der Fahrzeuge der Vorkriegszeit, zu. Gerade die Bullen aus den Zwanzigerjahren mit ihren langen, alles bestimmenden Motoren waren einfach faszinierend. Ein Bentley mit 200 PS oder der Aston Martin – sie waren die Götzen der Pionierjahre der Motorisierung. Sie hatten die Grundlage gelegt für dieses Gefühl der Freiheit, diese Überwindung von Raum und Zeit, die uns das Automobil brachte. Und die Freude an Pferdestärken, an kraftvoller Beschleunigung, an Geschwindigkeit und formschöner Technik. Dieses Flair der frühen Pionierjahre war bis heute nicht verflogen, hatte sich im Laufe der Jahrzehnte vielleicht sogar noch verstärkt. Eng drängten sich die Zuschauer um die blitzenden Karossen und applaudierten bei jedem Start.

Hinter diesen schon damals sehr teuren Boliden rollte ein Ford T heran, schwarz, eckig und solide. Davon waren fast 25 Millionen Fahrzeuge gebaut worden, für ihn war das Fließband erfunden worden. Damit begründete Henry Ford die Massenmotorisierung und gemeinsam mit John Rockefeller, der die ersten Raffinerien baute, das Ölzeitalter. Dann waren die Nachkriegsfahrzeuge am Start. Erst einige der riesigen Amikreuzer, von denen jeder bis zu dreißig Liter pro 100 Kilometer verbrauchte, dann kamen die eleganten Sportfahrzeuge der 1960er an die Reihe. Ich saß in meiner geliebten SL-Pagode, die ich seit dreißig Jahren besaß. Aber irgendetwas war anders als sonst. Ich war nachdenklich, lustlos. Was tat ich hier, was sollte das alles? Nach der Fahrt über mehrere Dolomitenpässe würde ich allein heute 60 bis 80 Liter Super verbraucht und im Laufe der Woche fast eine Tonne CO_2 in die Luft geblasen haben. Gestern erst hatte das IPCC, das Intergovernmental Panel on Climate Change, veröffentlicht, dass die Zwei-Grad-Grenze der Klimaveränderung wohl nicht mehr zu halten ist. Zu wenig Einschränkung weltweit trieb die Klimaveränderung immer weiter voran. Verehrten wir die falschen Götzen? Ich fuhr langsamer als sonst, sparsam, kein Vollgas. Aber es war unvermeidlich, die Benzinnadel sank und sank, ich musste nachtanken.

Das war alles gegen den Ruf der neuen Zeit, die gerade anbrach. Es war eine Sünde gegen die Verantwortung für Ressourcenschonung und Generationengerechtigkeit. Ich fuhr immer langsamer. Schließlich brach ich ab, ließ die nächste Zeitprüfung aus und fuhr zurück ins Hotel. Später riefen sie von der Kontrollstelle an, wo ich denn sei. Ich aber wechselte gerade die Religion. Es war, als ob man in meinem Inneren ein Goldenes Kalb vom Sockel gestoßen hätte. Die neuen Erkenntnisse hatten doch längst bewiesen, dass Öl wie eine Droge war, dass hier Verschwendung zur Sünde wurde. Eine neue Verantwortung für Gleichgewichte und Wandel war das Gebot der Stunde.

Der ungewohnte Blickwinkel

Der Klimawandel ist heute in aller Munde. Aber aus dem Blickwinkel des Ingenieurs scheint mir, dass einige wichtige Kernaspekte auch nach vielen Klimakonferenzen noch längst nicht Allgemeingut sind.

Für Ingenieure ist die Risikodebatte schlicht unverständlich. Ingenieure entwickeln Produkte und gestalten Herstellungsprozesse, sie sind die Herrscher über die Technik, die unsere Zivilisation ausmacht. Aufbauend auf den Erkenntnissen der Naturwissenschaften, schaffen sie Lebensstandard, Komfort und Sicherheit. Sie sind gewohnt, in Risiken zu denken, ihre Produkte sicher zu machen und sich der Verantwortung einer durch Normen und Gesetze geregelten Welt der Produktsicherheit zu stellen. Industrie und Gesetzgeber geben die Vorgaben, Ingenieure und Chemiker setzen um. Blei im Benzin, Fluorkohlenwasserstoffe in der Atmosphäre und Dieselruß müssen entfernt werden, giftige Farben müssen aus Kinderspielzeug eliminiert, scharfen Kanten und falschen Bedienungsmöglichkeiten muss, wie allen Gesundheits- und Verletzungsrisiken, vorgebeugt werden. Das müsste auch für die Klimarisiken gelten.

Aber nicht so bei den Abgasen, die unser Klima schädigen. Selbst beim lange als gefährlich bekannten CO_2 werden hier alle klassischen Regeln der Normen und der Risikovorsorge über den Haufen geworfen. Zugegeben, die schädigende Wirkung der Klimagase entsteht erst, wenn Megatonnen in die Atmosphäre entweichen. Eine Summenbildung, die zunächst schwer zu glauben war. Deshalb wundert es nicht, wenn der seit einem Jahrhundert bekannte Effekt der atmosphärischen Erwärmung durch erhöhte CO_2-Konzentration zunächst nicht besonders ernst genommen wurde.

Als dann die Konferenz von Rio 1992 zum ersten Mal diese Gefahr allgemein bewusst machte, war die Welt längst süchtig geworden nach der Bequemlichkeit und Leistungsfähigkeit dieser Energiequelle, nach dem Luxus der Mobilität, der häuslichen Wärme und billigen Produktionskraft. Die Droge Öl hatte uns fest im Griff.

Im Gegensatz zu allen anderen Sicherheitsbedenken kam deshalb keine der üblichen Reaktionen, kein Verbot, keine neue Norm, nicht einmal ein warnender Aufdruck, wie er heute jede Zigarettenpackung ziert. Viele nahmen ein klein wenig Rücksicht – ich auch –, aber eine wirkliche Gegenreaktion der Allgemeinheit kam nicht. Ich fühlte mich schon vorbildlich, weil ich seit der Konferenz von Rio ein Fahrzeug mit einem kleinen verbrauchsfreundlichen Motor fuhr. Das war übrigens kein »Opfer«. Sechs bis acht Liter Verbrauch pro 100 km war nun schließlich schon einige Zeit auch für mittelgroße Fahrzeuge möglich und bot Fahrkomfort ohne Einschränkungen. Auf der rationalen Seite ist das kein Problem, nur die emotionale steht bei vielen dagegen. Es muss der stärkste Motor sein, der extreme Beschleunigung ermöglicht, auch wenn die Höchstgeschwindigkeit auf unseren überfüllten Straßen kaum umzusetzen ist. Es sind diese durstigen Fahrzeuge, es ist dieser vermeintliche Kick der Freiheit, der Multimillionen Tonnen zusätzlicher Abgase erzeugt. Es ist für mich heute nicht mehr nachvollziehbar, was das mit Lebensstil zu tun hat. Die Übermotorisierung ist nur Emotion, begünstigt durch Gruppendruck und ein bisschen Angeberei.

Inzwischen sind die klimatischen Veränderungen wissenschaftlich erwiesen, jeder weitere Tag ohne dramatische Gegenmaßnahmen verschärft den Sündenfall, der als eine weitere Generationenschande in die Geschichte eingehen wird. Immerhin wurde nach dem Flop der Kyoto-Vereinbarungen nicht nur die internationale Politik, sondern auch die Wirtschaft etwas entschlossener. USA, China und viele andere haben inzwischen eigene Programme für alternative Energien, und trotz der Enttäuschung der Klimakonferenzen über auch zu unverbindliche Reduzierungsziele haben viele Länder sich hohe Maßstäbe gesetzt, und auch der »Emissionshandel« wird allmählich Realität werden. De facto aber besteht unverändert die große Gefahr, dass wegen der vielen politischen Ankündigungen die breite Bevölkerung das Problem aus dem Bewusstsein verdrängt und die Arbeit für getan hält.

Genau das ist falsch. Denn bei all diesen Ankündigungen geht es lediglich um Ziele – Programme und Instrumentarien zur Umsetzung im Detail sind unverändert unzureichend und eher selten. Nur im zentraler gelenkten China kann man von einem Selbstlauf ausgehen, also von einem Übereinstimmen von Vorsätzen und Umsetzung. Und die sind in den letzten Jahren enorm gestiegen. In unserer westlichen Welt gilt dagegen mehr denn je, dass trotz lautstarker Lippenbekenntnisse das Zögern und Abwarten dominierten, die Durchsetzung erklärter Absichten also besser koordiniert und forciert werden muss, Branche für Branche und Maßnahme für Maßnahme, genau wie in diesem Buch gepredigt. Denn zu viele Unternehmen würden sonst weiter zögern, sich gegenseitig beäugen und in ihrer immerwährenden Angst vor Konkurrenznachteilen schlicht abwarten. Tendenz ist, das Thema zu verdrängen und den Umbau – vor allem die Beseitigung der alten Sünden mangelnder Effizienz – hinauszuzögern. Auch hat es keinen Sinn, sich nur weiterhin gegenseitig als Nationen skeptisch zu beobachten und sich hinter dem Nichtstun anderer Nationen zu verstecken. Und damit einen Kernpunkt aus den Augen zu verlieren: Was immer die USA und andere Nationen tun, Energiepolitik ist nun einmal primär Sache jedes Wirtschaftsraums für sich und damit für uns Priorität der Europäischen Union.

Wir dürfen uns nicht von den Hoffnungen auf Großveranstaltungen wie den Klimakonferenzen und den weiteren Folgekonferenzen einlullen lassen. Die Emission von CO_2 erhält allmählich einen Preis, der Handel mit Emissionsrechten für Energieversorger und Industrie hat bereits begonnen. Dadurch wird die Wirtschaftlichkeit effizienter Anlagen erhöht, der Betrieb ineffizienter Anlagen wird teurer. Ein richtiger Weg, aber die Wirtschaft wird die Kosten schlicht an die Verbraucher weitergeben, und nicht alle werden in moderne Anlagen investieren. Das Prinzip folgt einer Art Ablasshandel, der Druck, tatsächlich in zukunftsträchtige Technologien zu investieren, wird dadurch eher verwässert. Vor allem aber ist es gefährlich, dass wir uns als Gemeinschaft zurücklehnen und meinen, damit wäre die Arbeit getan. Das ist grundfalsch, aber einmal mehr allzu menschlich. Denn Kostenbewegungen, die durch den Emissionshandel in Gang kommen, sind viel kleiner als die Preisbewegungen im Ölmarkt der letzten Jahre. Und bekanntlich haben selbst Verdoppelungen des Ölpreises nur vergleichsweise schwach dämpfend gewirkt.

Es kommt also gerade jetzt – in der Phase steigender Sorge – darauf an, dass sich unsere mentale Einstellung zur Kraft von Marktwirtschaft und Preisbildung ändert und wir unsere Verhaltensdefizite durch weitere Einflussnahme kompensieren. Wir können nun nicht mehr die Schuld nur bei den anderen suchen, denn sowohl in China als auch in den USA haben starke technologische Programme begonnen. Nur Indien bleibt ein Sorgenkind, denn bis 2050 wird ein Wachstum von weiteren 500 Millionen Einwohnern erwartet, was u. a. zu einem drastisch höheren Energiebedarf führen wird. Emissionshandel und auch Transferzahlungen zur »Schadensbegrenzung« in betroffenen Schwellenländern sind zwar ein wichtiger Beitrag, aber sie sind nicht die Lösung. Die muss in den Köpfen einsetzen durch eine neue Balance zwischen Profitstreben, Handlungsbereitschaft und gemeinschaftsorientierter Verantwortung.

Nachhaltigkeit ist kein Motiv im Marktgeschehen

Vergessen wir nicht: Über Jahre hinweg haben weder wir Kunden noch die Politik das Problem des Klimawandels wirkungsvoll angesprochen. Verstehen lässt sich das alles nur aus den eingangs erläuterten sozialpsychologischen Grundgesetzen, der Gier der beteiligten Firmen und der Öl fördernden Nationen, einer gerade im Anonymen so ausgeprägten Bequemlichkeit und einem Herdentrieb, wie er für massenhafte Wertemissachtung typisch ist. Nachhaltiges Handeln erfordert Vernunft, die ist aber wie erwähnt im emotionalen Handlungsspektrum besonders schwach ausgeprägt. Fehlende Nachhaltigkeit erzeugt keine Angst, sondern bestenfalls Nachdenklichkeit. Zu weit sind die Effekte entfernt, alle Ausreden werden begeistert akzeptiert.

So drückt man sich, so schiebt man den Klimawandel in eine ferne Zukunft, die man selbst ohnehin nicht mehr erleben wird. Die Klimabedrohung – ein Thema der Generationen nach uns. Der Appell, Produkte, die den Klimawandel berücksichtigen, zu unterstützen, verhallt noch weitgehend ungehört. Sie sind nur teurer, sie sind nur »vernünftig«. Und die Wirtschaft kann sich mit dem Verweis auf die Kaufunlust der Kunden aus der Verantwortung stehlen.

Was an Veränderung in der Atmosphäre einmal in Gang gesetzt ist, ist innerhalb weniger Generationen nicht mehr reversibel. Deshalb ist es hier besonders wichtig, das Risiko zu sehen und ihm vorzubeugen. Es kommt gar nicht darauf an, ob die Vorhersagen genau stimmen. Schon das Risiko so dramatischer Veränderungen erfordert zwingend Vorbeugungsmaßnahmen. Wobei wir aus der Phase des »Risikos« heraus sind – die wissenschaftlichen Aussagen sind nun eindeutig. Und schon jetzt sieht man dramatische Auswirkungen insbesondere in den sonnenreichen Gegenden, deren Bevölkerung sowieso zu den ärmeren des Globus zählt. Die Veränderung des bisherigen klimatischen Gleichgewichts hat begonnen. Von jährlich 30 Milliarden Tonnen zusätzlichem CO_2 vorangetrieben, schreitet der Wandel dramatisch schneller voran als die natürlichen Klimaveränderungen, die es immer gegeben hat. Und er betrifft nun sieben Milliarden Menschen, nicht mehr fünfhundert Millionen wie im Altertum oder vor den Eiszeiten.

Der Energiehunger ist ungebrochen. Was also tun?

Herdentrieb und Gruppendenken

Das Problem ist mit Marktkräften allein nicht zu lösen. Denn Öl und Gas waren bisher die billigsten Energieformen mit entsprechend enormen Investitionen, gegen deren Entwertung sich die Investoren schützen wollen. Andere Energiequellen waren bisher teurer und bieten keinen zusätzlichen Komfort. Die wahrgenommene Verantwortung des Kunden wäre schon seit Längerem die ideale treibende Kraft. Aber der Kunde war der Droge der fossilen Brennstoffe zu lang erlegen. Die dadurch ausgelösten Stresssymptome sind längst überall sichtbar, ein Kollapsszenario droht. Seit Mitte der 1990er-Jahre überschreitet der menschliche »Foot Print«, also unsere Belastung der Erde durch Verunreinigung von Atmosphäre, Böden und Ozeanen, die natürlichen Abbaumöglichkeiten, der Planet baut die Giftstoffe nicht mehr ausreichend ab. Eine typische Stresssituation mit Giftanreicherung und Verdrängung als Vorphase von Kipppunkten und dem zwangsläufigen Kollaps vieler stark bewohnter Regionen unserer Zivilisation, ein Burn-out nach einer berauschend schönen Zeit, von dem es keine kurzfristige Erholung gibt. Der Klimakollaps ist irreversibel, viele Gebiete für Generationen nach uns als Lebensraum geschädigt.

Wir haben uns als Gruppe verrannt, nur als Gruppe können wir wieder herausfinden. Dazu aus der Liste unserer emotionalen Eigenschaften als Gruppe: die Wirkung von Herdentrieb und von Gruppendenken. Ein Umschwenken hat eingesetzt, jeder von uns kann diesen Wandel, dieses Umdenken in seinem Umfeld aktivieren, die Medien können ihn noch gezielter unterstützen. Solange Pferdestärken mit »Sportlichkeit« gleichgesetzt werden, solange die dicke Benzin fressende Karosse als Statussymbol fungiert, galoppiert die Herde weiter in die falsche Richtung. Sobald aber das Unfaire und Gemeinschaftsfeindliche des übergroßen Sprit- und Energieverbrauchs erkannt wird, kann sich der Effekt umkehren. Gerade die Jugendlichen und eben – die Medien sind hier gefordert: Ältere Menschen haben sich längst an Missstände gewöhnt, nehmen den Istzustand als gegeben hin, während die Jugend hinterfragen kann. Erkennt sie den Irrweg und die Gefahr, kann sie zum Initiator für Veränderung werden. Wenn es genügend neue »Leithammel« gibt, kann es gelingen, die ganze Herde in eine neue Richtung zu bewegen. Es ist nicht wie bei einem Vogelschwarm, der nur dem Leittier an der Spitze folgt. Jeder von uns kann mit anerkennenden oder kritischen Bemerkungen erreichen, dass sich der langsam beginnende Einstellungswandel beschleunigt. In einem Fischschwarm sind es um die fünf Prozent, die gemeinsam die Richtung bestimmen.

Branchenspezifisch mitbestimmen

Gruppendenken und Herdentrieb in die richtige Richtung zu lenken ist ein großer Schritt. Er kann sich gerade bei der Abwehr des Klimawandels ideal ergänzen mit dem Regelwerk der mitbestimmten Marktwirtschaft. Ihr Grundelement ist ja gerade, dass mangelnde Vernunft und fehlender Gemeinschaftssinn bewusst gemacht und durch bindende Handlungsmaximen ersetzt werden. Gerade diese psychologische Komponente haben auch die letzten Klimakonferenzen weitgehend übersehen. Zwar wurden ehrgeizige Ziele diskutiert, das Gefühl, dass Luftverschmutzung kostet, steigt. Aber durchdringt eine solche Agenda wirklich alle Winkel unserer Marktwirtschaft?

Auch nach den Eindrücken der letzten Konferenzen scheint mir, das Problem wird nicht grundsätzlich genug angegangen, es kommt nun mit voller Breitseite auf die Gesellschaft selbst zu. Sie und die werteorientierte Zivilgesellschaft müssen handeln. Es liegt nun im Wesen der in den letzten Kapiteln beschriebenen »Mitbestimmung«, dass sie werteorientierte Gruppen, für die »Besitz« und Gewinnstreben nicht oberstes Ziel sind, mit an den Tisch bringt. Ihre Sorge um Sicherheit, Zukunft und ethische Verantwortung ist das Gegengewicht, das die

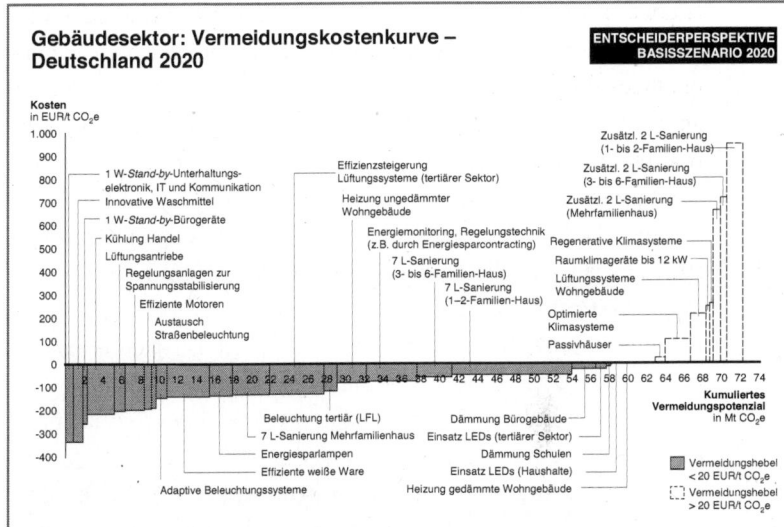

Gebäudesektor: Vermeidungskostenkurve – Deutschland 2020

ENTSCHEIDERPERSPEKTIVE BASISSZENARIO 2020

Kosten
in EUR/t CO$_2$e

1.000
900
800 — 1 W-*Stand-by*-Unterhaltungs-elektronik, IT und Kommunikation — Effizienzsteigerung Lüftungssysteme (tertiärer Sektor) — Zusätzl. 2 L-Sanierung (1- bis 2-Familien-Haus)
700 — Innovative Waschmittel — Heizung ungedämmter Wohngebäude — Zusätzl. 2 L-Sanierung (3- bis 6-Familien-Haus)
600 — 1 W-*Stand-by*-Bürogeräte — Energiemonitoring, Regelungstechnik (z.B. durch Energiesparcontracting) — Zusätzl. 2 L-Sanierung (Mehrfamilienhaus)
500 — Kühlung Handel — 7 L-Sanierung (3- bis 6-Familien-Haus) — Regenerative Klimasysteme
400 — Lüftungsantriebe — 7 L-Sanierung (1–2-Familien-Haus) — Raumklimageräte bis 12 kW
300 — Regelungsanlagen zur Spannungsstabilisierung — Lüftungssysteme Wohngebäude
200 — Effiziente Motoren — Austausch Straßenbeleuchtung — Optimierte Klimasysteme
100 — Passivhäuser
0
-100 — 2 4 6 8 10 12 14 16 18 20 22 24 26 28 30 32 34 36 38 40 42 44 46 48 50 52 54 56 58 60 62 64 66 68 70 72 74

Kumuliertes Vermeidungspotenzial in Mt CO$_2$e

-200 — Beleuchtung tertiär (LFL) — Dämmung Bürogebäude
-300 — 7 L-Sanierung Mehrfamilienhaus — Einsatz LEDs (tertiärer Sektor)
— Energiesparlampen — Dämmung Schulen
-400 — Effiziente weiße Ware — Einsatz LEDs (Haushalte)
— Adaptive Beleuchtungssysteme — Heizung gedämmte Wohngebäude

■ Vermeidungshebel < 20 EUR/t CO$_2$e
⌐⌐ Vermeidungshebel > 20 EUR/t CO$_2$e

McKinsey/BDI-Klimastudie: Nach unten aufgetragene Maßnahmen zur CO$_2$-Vermeidung sind wirtschaftlich, die nach oben aufgetragenen nicht. Nach rechts aufgetragen die Wirkung in Millionen Tonnen CO$_2$. Quelle: Studie »Kosten und Potenziale der Vermeidung von Treibhausgasemissionen in Deutschland« von McKinsey & Company, Inc. im Auftrag von »BDI initiativ – Wirtschaft für Klimaschutz« – AG Gebäude.

Kräfte des freien Marktes brauchen. Es kann dabei gleichermaßen Gegengewicht sein zu kurzfristig gewinnorientiertem Handeln der Wirtschaft, aber auch Gegengewicht zur Gedankenlosigkeit und zum Desinteresse der Bürger sowie zum erwähnten Herdentrieb in die falsche Richtung. Die branchenspezifische Diskussion über einen Wertekodex ist der ideale Anfang, um in jedem Sektor zu prüfen, was er und gerade er tun kann, um das Ziel des Ressourcengleichgewichts und der Decarbonisierung des Energieangebots zu erreichen.

Ich reite deswegen so auf dem Wort »branchenspezifisch« herum, weil genau darin die Antwort auf die Komplexität gerade bei Fragen der Nachhaltigkeit und der Abwehr des Klimawandels liegt. Der erwähnte Bund der Deutschen Industrie (BDI) hat 2007 die Beratungsgesellschaft McKinsey beauftragt, für jeden Industriesektor zu klären, was er zur Verminderung des Energieverbrauchs und insbesondere des CO_2-Ausstoßes beitragen kann. Leider sind die enorm wichtigen Ergebnisse dieser Studie nie ausreichend beachtet worden und bis heute nicht in die politischen Maßnahmen eingeflossen, obwohl gerade diese Analyse die enormen Effizienzreserven unserer Zivilisation aufzeigen.[45]

Die Abbildung rechts zeigt die Ergebnisse für den Gebäudesektor, sie liegen auch für die Energiewirtschaft und die produzierende Industrie mit aufschlussreichen Kostenaussagen vor. Zeigt der Balken nach unten, wird die Energiemaßnahme Kosten einsparen, sie ist in sich wirtschaftlich. Viele der Einzelmaßnahmen sind allerdings klein und wirken nur durch ihre große Summe. Die Haltung, es käme auf kleine Maßnahmen ohnehin nicht an, muss also überwunden werden. Alle bedingen sie Investitionskosten, lohnen sich also nur über die Jahre, und schon aus dieser Kombination zeigt sich, dass mehr Druck zum Handeln erforderlich ist. Die grundsätzliche Botschaft dieser Grafiken ist folgende: Da Energie in allen Industriezweigen eine große Rolle spielt, kann jeder Sektor entsprechende Beiträge leisten. Jeder der Balken ist eine Maßnahme, deren Vielzahl die enorme Komplexität unserer heutigen Wirtschaft zeigt. Bei einer solchen Bandbreite kann nur Spezialisierung die Antwort sein, also die Aufarbeitung jeweils in den einzelnen Sektoren. Deshalb kann sich die volle Kraft der Mitbestimmung der Zivilgesellschaft hier nur branchenspezifisch entfalten. Ein Teil der Balken zeigt in den Grafiken nach oben. Das sind Kosten erhöhende Maßnahmen, also die, die ohne politischen oder gesellschaftlichen Druck (oder Idealismus des Unternehmers) nicht durchgeführt werden. Die Breite der Balken zeigt dabei die eingesparte CO_2-Menge. Je breiter der Balken, umso wichtiger die Maßnahme. Es überrascht nicht, dass insbesondere die Schaffung alternativer Energiequellen besonders wirksam und im Übrigen nicht mehr so kostenintensiv ist, wie in dieser älteren Studie noch angenommen.

Solche Analysen sind teuer und stehen nicht jedes Jahr neu zur Verfügung. Aber sie machen die Möglichkeiten transparent, die sich aus einer Koordination eines umfassenden Programms durch die Verbände fast von selbst ableitet. Denn für jeden Industriezweig sieht man nun den möglichen Beitrag zum Klimaschutz und die dadurch entstehenden Kosten, sodass ein entsprechendes Maßnahmenprogramm erstellt werden kann. Ein Teil wird sofort aufgrund vorhandener Technik umsetzbar sein, andere Maßnahmen erfordern weitere Entwicklungsschritte, bis sie ihre volle Wirkung entfalten können. Die Technik der Windenergie mag ausgereift sein, Teilbereiche der Solartechnik, aber auch Beleuchtungstechnik und der Strom sparenden Antriebstechnik vielleicht auch. Energiespeicherung, Geothermie, Batterietechnik und Gebäudekühlung bieten dagegen noch enormes Entwicklungspotenzial oder existieren vielleicht gerade erst als Idee. Um solche Gebiete zu optimieren, müssen Hunderte von Unternehmen mit ihren Spezialkenntnissen zusammenarbeiten; branchenspezifisch koordinierte Zielsetzungen erleichtern das und beschleunigen die Zielerreichung enorm. Die besonders innovative Halbleiterindustrie hat dazu Methoden der Koordination entwickelt, die gerade auch die zur Abwehr des Klimawandels notwendigen Technologieveränderungen enorm beschleunigen könnten.

Die Roadmap

Haben Sie sich auch schon manchmal gewundert, wie rasch die technischen Möglichkeiten von Handys und Laptops zunehmen, wie schnell deren Leistungsfähigkeit steigt? Dahinter steckt die Kunst, auf die sogenannten Wafer – das sind Scheiben aus hochreinem Silizium – immer kleinere Strukturen aufzubelichten. Als ich die Führung von Carl Zeiss übernahm, war man gerade auf Genauigkeiten unter einem tausendstel Millimeter gekommen. Die Kleinheit der Strukturen entscheidet über die Schnelligkeit und die Materialnutzung, also die Wirtschaftlichkeit. Die Hersteller von Mikroprozessoren wie Intel oder von Halbleiterspeichern wie zum Beispiel Samsung wollen deshalb immer kleinere Strukturen. Das erfordert zuerst neue Extremoptiken für die verwendeten Projektionsverfahren, Optiken auf

Nanometer genau, jedes System bei Kosten von einigen Millionen Euro. Aber der Wettlauf geht trotz der hohen Kosten weiter, alle ein bis zwei Jahre muss die Packungsdichte verdoppelt, müssen die Strukturen entsprechend kleiner werden. Tausende von Firmen in allen Teilen der Welt müssen dazu an einem Strang ziehen, aber ohne autoritär ordnende Hand. Man braucht dennoch Koordinierung.

Und so entstand vor circa zwanzig Jahren die gemeinsame Forschungsinitiative SEMATECH,[46] unterstützt von praktisch allen Firmen weltweit. Die Organisation und ihr Forschungsinstitut sind neutral, sprechen aber mit allen Herstellern und deren Entwicklungsabteilungen, haben Kontakte mit allen technischen Universitäten und sammeln das Wissen der Welt. Daraus entsteht in geeigneten Abständen nach viel Dialog ein immer wieder aktualisierter Vorschlag einer Roadmap, die den wahrscheinlichsten Weg der Technologieentwicklung der nächsten ein bis zwei Jahrzehnte zeichnet. Das Programm zeigt fortlaufend, was gelöst ist, was gelöst werden muss und was besonders schwierig ist. Tausende Firmen orientieren sich daran, halten nun seit mehreren Jahrzehnten Wort und verdoppeln alle zwei Jahre die Schnelligkeit der Rechner und Speicher und damit die Leistungsfähigkeit der Softwarepakete.

Besonders spannend waren die letzten fünfzehn Jahre. Denn die optischen Prinzipien hatten bei Strukturgrößen von circa 100 Nanometern, also einem zehntausendstel Millimeter, ihre Möglichkeiten allmählich erschöpft. Wie also weiter? Elektronenstrahl, Laserstrahl, Druck- oder Sprühverfahren? Alles wurde zunächst theoretisch durchdacht, und schließlich war klar, dass die am besten geeignete Methode wohl weiche Röntgenstrahlung war, aber in einem Strahlungsbereich, der überhaupt noch nicht technologisch erschlossen war und für den es noch keine kräftigen Strahlungsquellen gab. Aber dank der weltweiten Zusammenarbeit entsprechend der Roadmap rollte eine Technologiewalze, die jährlich Milliarden verschlang. Derzeit laufen die ersten Mikrochipfabriken mit diesen neuen Schnelligkeiten an. Die Roadmap hat Unmögliches möglich gemacht. Sie ist eines der Planungswerkzeuge, ähnlich dem Netzplan der Mondlandung, das Abläufe ordnet, koordiniert und zum Erfolg führt. Im Gegensatz zum Netzplan bezieht die Roadmap aber unbekanntes Terrain, völlig ungelöste Technologien, viel stärker ein und sichert immer wieder ab, ob ein Ziel erreichbar scheint. Themen unter dem Blickwinkel Klima gäbe es viele:

Roadmap Technologiewandel (Beispiele)

- Solarthermische Großkraftwerke
- Windnutzungsoptimierung
- Wellen- und Gezeitennutzung
- Energiespeicherung
- Geothermie großer Tiefen:
  - Bohrtechnik
  - Nutzung superkritisches Wasser
  - Kraftwerk und Wärmekopplung
- Fotovoltaik Dünnschicht
- Fassadentechnologie

- Dachtechnologie Solar
- Innentemperierung Immobilienbereich
- Niedervoltnetze (24-V-Gebäudenetz)
- Stand-by-Konzepte
- Dämmstoffe und Isolierung
- Emissionsarme Landwirtschaft:
  - Düngetechnologie
  - Methanvermeidung
  - Tierartenoptimierung
  - Anbauoptimierung

In allen Industriebranchen kann das Maßnahmenpaket zur Reduktion der Klimagase so am besten mit dieser Methode der Roadmap klargemacht werden, als koordinierte Weiterentwicklung wichtiger Maßnahmen. Sie gibt als »Straßenkarte« den Weg vor – also die Abfolge der Maßnahmen, die als beste in eine CO_2-freie Energiezukunft angesehen werden. Die Roadmap klärt, wie die einzelnen Entwicklungen ineinandergreifen müssen und in welchem Zusammenspiel der Firmen neue Technologien entwickelt werden, wie dazu die Hersteller zusammenarbeiten müssen und wann mit Ergebnissen zu rechnen ist. Nur deshalb ist Ihr Rechner in den letzten Jahren so enorm schnell geworden, nur deshalb können heute Mobiltelefone vollgepackt sein mit zahllosen Zusatzfunktionen. Es ist eine Straße des Erfolgs. Eine Roadmap für einen bestimmten Industriesektor gibt es allerdings nicht umsonst. Sie erfordert erhebliche Arbeit. SEMATECH und das Forschungsinstitut, das die internationale Halbleiterindustrie in den USA betreibt, hat ein jährliches Budget von circa 30 Millionen US-Dollar, das von allen Herstellern dieses Industriezweigs aufgebracht wird. Die Berücksichtigung der erarbeiteten Leitlinie ist jeder Firma freigestellt, es ist der Weg der höchsten Erfolgswahrscheinlichkeit. Die Reichweite von zehn bis 15 Jahren zeigt, dass ein Abweichen von diesem Weg ein hohes Risiko birgt.

Der Club of Rome hat schon vor Langem ein Gesamtkonzept vorgestellt, wie der Energiebedarf in Europa durch eine Mischung aller alternativen Energien gedeckt werden kann. Mit dem Teilprojekt »Desertec« wird dabei auch die unendliche Sonne der Wüstengebiete Afrikas einbezogen. Anfangs führte der Name prompt zu Missverständnissen: Denn den Energienachschub vermeintlich allein aus der Wüste zu decken birgt jede Menge politische Unsicherheit. Aber die Nutzung Nordafrikas und Arabiens ist nur ein Teilaspekt, der Anstoß ist ein Gesamtkonzept, das alle Küsten Europas für Windenergie, die Sonnenkraft Spaniens und Italiens und die Möglichkeiten der Geothermie genauso einschließt wie den Aufruf zum vorsichtigen Einsatz von Biosprit. Eine ideale Vorlage für eine Roadmap.

Um die politischen Bedenken hinsichtlich der Nutzung von Wüstengebieten einzudämmen, läge übrigens eine Gestaltung als Erbpachtmodell nahe, ähnlich der seinerzeit von China gepachteten Kronkolonie Hongkong. Man würde also diese Gebiete über einen langfristigen Erbnutzvertrag internationalisieren und zum Beispiel an die Obrigkeit der Europäischen Union anhängen. Das nur nebenbei.

»Desertec« und viele weitere Problembereiche des gesamten Vorschlags erfordern die zügige Weiterentwicklung etlicher Schlüsseltechnologien. Sie sind deshalb besonders geeignet für den beschriebenen Ansatz der Roadmap. Da ist vor allem die Entwicklung großtechnischer Solarthermiekraftwerke und der Gleichspannungsübertragungstechnik KGÜ für große Entfernungen. Und es ließe sich gut kombinieren mit der oben erwähnten BDI-Klimastudie und einem übergreifenden Dach einer mitbestimmenden Zivilgesellschaft.

Gemeinsam mit NGOs, wie dem bereits in Teilaspekten beteiligten WWF, und den betroffenen Industrien diskutiert, kann sich die Vorlage für ein wirkungsvolles Gesamtprogramm ergeben, das von breiten Teilen der Zivilgesellschaft verstanden und akzeptiert ist und an dem sich Politik, Promotoren, Medien und vor allem die Wirtschaft orientieren können. Dieses Konzept zeigt die reelle Chance, in den nächsten 15 Jahren für einen echten, umfassenden Ersatz für fossile Energien und die Atomkraft zu sorgen und damit die Debatte über deren Zukunft überflüssig zu machen.

Ein besonders faszinierendes Beispiel für eine Roadmap scheint mir im Übrigen die Ausweitung der Geothermie in große Bohrtiefen zu sein. Wir sind gewohnt, bei alternativen Energien primär über Sonne und Wind zu sprechen, und lassen dabei weitgehend außer Acht, dass unser Planet im Inneren an die 4.000 Grad Celsius heiß ist und dieser enorme Energieinhalt laufend durch radioaktiven Zerfall in diesen Tiefen weiter gespeist wird. Der Energieinhalt der Erdkugel ist nach menschlichen Maßstäben unermesslich, ihn also mit zu nutzen ist naheliegend. Die bisherigen geothermischen Anlagen gehen allerdings nur in Tiefen von bis zu fünftausend Meter, kratzen also nur an der Oberfläche des Globus. Wirklich interessant wird das Energieangebot erst in Tiefen von zehn bis 15 Kilometern – angesichts der 10.000 Kilometer Gesamtdurchmesser immer noch sehr oberflächennah. In diesen Tiefen finden sich Temperaturen von 400 bis 600 Grad Celsius, genau die, die heute in modernen Kohle- und Atomkraftwerken verwandt werden. Allerdings sind neue Bohrverfahren, die Beherrschung großer Druckunterschiede und neue Mess- und Fördertechniken erforderlich, um diese Energieschichten zu erschließen. Und die geologische Forschung wird fundiert darlegen müssen, welche geologischen Voraussetzungen gegeben sein müssen, wie die notwendigen Hohlräume ohne Probleme für nahe gelegene Stadtgebiete geschaffen werden können und an welchen Stellen ein Eindringen in die Erdkruste Gefahrenpotenzial bergen kann. Der große Vorteil der Tiefengeothermie ist die Grundlastfähigkeit, also die Unabhängigkeit von Wind und Sonne, bei wahrscheinlich relativ guter Regulierbarkeit. Eine ideale Energiequelle aus meiner Sicht, der lediglich die Zielsetzung durch eine entschlossene Regierung oder ein großes Industriekonsortium fehlt, die offenen Fragen abzuklären. Ist das Potenzial einmal entdeckt, werden Ingenieure und Naturwissenschaftler aus Industrie und Wissenschaft Lösungen zur Erschließung finden.

Auch an diesem Beispiel sieht man: Eine große Schwäche unserer Marktwirtschaft ist die Koordination auf große langfristige Ziele. Wie aber das Beispiel der Halbleiterindustrie gezeigt hat, ist koordinierte Zusammenarbeit möglich, ohne den Wettbewerb abzutöten. Die Halbleiterindustrie wurde nun mit mehr als dreißig Jahren rasantem Wachstum belohnt und hat zwischenzeitlich die Automobilindustrie an Größe bei Weitem überholt. Da die Prozessoren klein, Autos aber groß sind und zudem Europa in diesem Feld total abgeschlagen ist, kommt uns dieser Erfolg weniger ins Bewusstsein.

Natürlich ist der einladende Begriff der Roadmap auch anderweitig als Ausdruck für komplexe Aufgabenabläufe verwandt worden. So hat etwa die Klimakonferenz 2007 in Bali eine Roadmap beschlossen, die den weiteren Prozess der globalen Zusammenarbeit vorgibt und auch eine grobe Liste der kritischen Technologien enthält. Der Unterschied zu einer Leitlinie der technologischen Entwicklung ist aber, dass dieser primär organisatorisch orientierte Ansatz keine Anhaltspunkte liefert, welche Technologien priorisiert werden sollen und bei welchen Lösungen die Industrie besonders zusammenarbeiten sollte. Als Entscheidungsgrundlage für technologische Entwicklungen der Marktwirtschaft ist diese Roadmap deshalb ungeeignet; sie hat eher die Eigenschaft eines Masterplans.

Der Footprint

Zurück zur Klimastudie des BDI. Nicht vergessen darf man bei all diesen Einzelmaßnahmen die Betrachtung des gesamten Herstellungs- und Entsorgungsprozesses: die Addition des Energiebedarfs im sogenannten Footprint, den die im Moment vorliegende BDI-Studie noch nicht berücksichtigt. Die Berücksichtigung *all* dieser Effekte ist natürlich für die Abschätzung der Klimawirkung notwendig, deren Erfassung aber keineswegs trivial. Ein besonders typisches Beispiel einer Gesamtwirkung zeigt eine neue Studie des Massachusetts Institute of Technology (MIT) zum Hausbau.

Abgeschätzt wurde der CO_2-Ausstoß über fünfzig Jahre für drei verschiedene Energiekonzepte im Hausbau. Der jährliche CO_2-Ausstoß bei konventioneller Heiztechnik und bei Mikroenergiebauweise ist für beide relativ leicht zu ermitteln. Viel schwerer dagegen abzuschätzen ist der Energieverbrauch bei der Erstellung des Hauses. Der Energiebedarf der Materialien, der Transporte und der Verarbeitung müssen berücksichtigt werden. Die Abschätzung zeigt, dass ein klassisch erstelltes Haus mit bisher üblichem Energiekonzept im Laufe von sieben Jahren nochmals die CO_2-Menge erzeugt, die der Hausbau selbst benötigt hat. Es ergibt sich aber auch, dass ein Mikroenergiehaus, nur mit konventioneller Bautechnik errichtet, ein unzureichender Beitrag zum Klimaschutz ist. Zwar dauert es vierzig bis fünfzig Jahre, bis die CO_2-Menge der Bausubstanz erreicht ist, aber letztlich ist durch die Energie fressende Bautechnik insgesamt zu wenig erreicht. Es sind vor allem Zement und Ziegel sowie Stahl, Aluminium und Glas, deren Herstellung enorme Energiemengen benötigen. Wirksame Klimamaßnahmen erfordern also in der Bauindustrie und bei Architekten völlig neue Konzepte nicht nur für Wärmedämmung und Energiesysteme, sondern für die Bautechnik selbst. Sie müssen beginnen mit der Erfassung des gesamten Footprint des CO_2-Bedarfs unter Berücksichtigung eventueller Abbruchmaßnahmen, Ferntransporte, Erdbewegungen usw. Sie müssen sich widerspiegeln in den Vergütungssystemen der Architekten und statt Baukosten den Nutzen und die größtmögliche Minimierung des CO_2-Verbrauchs über die Gebäudelebenszeit belohnen.

Die Beispiele zeigen, die Komplexität unserer Zivilisation ist enorm, sie zu beherrschen bedeutet, sie Sektor für Sektor aufzurollen und damit Stück für Stück die Antworten für den Umbau unserer Zivilisation zu erarbeiten. Gerade wegen der enormen Vielfalt wird es Wirtschaftsbranchen geben, die zögern. In Sektoren, in denen also die Handlungsbereitschaft zum Klimawandel nicht von selbst anspringt, ist es Aufgabe der werteorientierten Zivilgesellschaft, sich eine eigene Meinung über deren Beitrag zu bilden und mit einem ersten Grobkonzept eine öffentliche Diskussion zu beginnen. Wo sich die Ohren dann öffnen, wird es rasch zu ersten Festlegungen kommen, wo sie verschlossen bleiben, ist Druck durch die NGOs und Medien erforderlich.

Solcher Druck richtet sich derzeit übrigens noch viel zu wenig gezielt auch auf die Wirtschaftsverbände und deren Zentralen. Wie schon gezeigt, kann deren Argument des mangelnden Einflusses auf ihre Mitglieder nicht akzeptiert werden. Das ist ein Feigenblatt. Natürlich können Wirtschaftsverbände empfehlen, und sie können, wie schon an anderer Stelle diskutiert, selbst dann Druck machen, wenn der Gesetzgeber sie dazu noch nicht gezwungen hat.

Neben den Automobilverbänden sind vor allem die Energieverbände ein besonders lohnendes Ziel für einen solchen Druckaufbau durch die Zivilgesellschaft. Klar, dass ihre Mitgliedsfirmen die Nutzung jüngerer, ja selbst längst abgeschriebener alter Investitionen nicht gerne aufgeben, bringen doch gerade sie den besten Cashflow. Klar, dass sie sich der wesentlich komplexeren Welt der regional verteilten Energieversorgung nicht gerne stellen. Klar auch, dass Effizienz im Energieverbrauch nicht im Interesse von Firmen liegen kann, die Energie verkaufen. Und klar auch, dass gerade diese Industrien zwar neue Geschäftsmodelle und zukunftsorientierte Prioritäten brauchen würden, aber sich aus ihrer konzerntypischen Quartalsorientierung keine sonderliche Motivation ergibt. Die meisten Energiekonzerne sind Aktiengesellschaften und damit in ihrer heutigen Denkart geprägt von der Kurzsichtigkeit, die die heutigen Aktienmärkte auszeichnet. Gerade hier verspricht eine gut organisierte Mitbestimmung der Zivilgesellschaft Ansatzpunkte eines erfolgreichen Miteinanders bei der Durchsetzung alternativer Energien und als Gegengewicht gegen diese Kurzfristigkeit. Der Druck einer Mitbestimmung könnte die Veränderungen im gesamten europäischen Wirtschaftsraum beschleunigen und überholte Technik und Verhaltensweise zurückdrängen. Die Erfahrungen aus dem Dialog wären auch wertvoll, um auf den Gesetzgeber einzuwirken, wo es zwingend zusätzlicher gesetzlicher Regelungen bedarf. Die allerdings werden sich nicht nur auf CO_2 beziehen.

CO_2 – nur die Hälfte eines Problems

Würden alle CO_2-sparenden Maßnahmen zügig umgesetzt, ist dann die Arbeit getan, der rasche Klimawandel abgewendet? Leider nicht. Nur langsam wird uns bewusst, dass die klimaschädigenden Wirkungen unseres Lebensstils weit über die übermäßige Erzeugung von CO_2 hinausgehen.

Im Bild rechts sehen Sie die Verteilung der Klimaschädigung auf die verschiedenen Sektoren. Erst in den letzten Jahren wurde klar, dass eine Reihe weiterer Abgase unserer Zivilisation den Brechungsindex der Atmosphäre sogar noch stärker erhöhen als CO_2 und deshalb schon sehr geringe Konzentrationen davon die gleiche Wirkung entfalten. Bereits hinlänglich bekannt sind dabei die Wirkungen von Lachgas als Abgas des Kunstdüngerzerfalls und die Probleme des Methanausstoßes bei der Rinderzucht. Weitere Erkenntnisse dürften folgen. Sie werden unsere Landwirtschaft und damit auch unsere Ernährungsgewohnheiten erheblich beeinflussen. Diese Beispiele unterstreichen einmal mehr, dass nur ein auf einzelne Sektoren bezogener Ansatz geeignet ist, die Komplexität unserer Zivilisation zu beherrschen.

Herausgreifen möchte ich dabei ein interessantes Beispiel der Vernichtung von »CO_2-Senken«, also des Wegfalls der CO_2-Resorption durch die Abholzung der großen Urwälder. Kürzlich hörte ich einen bedrückenden Vortrag des Generalstaatsanwalts von Manaus, der Hauptstadt des brasilianischen Bundesstaates Amazonas. Er be-

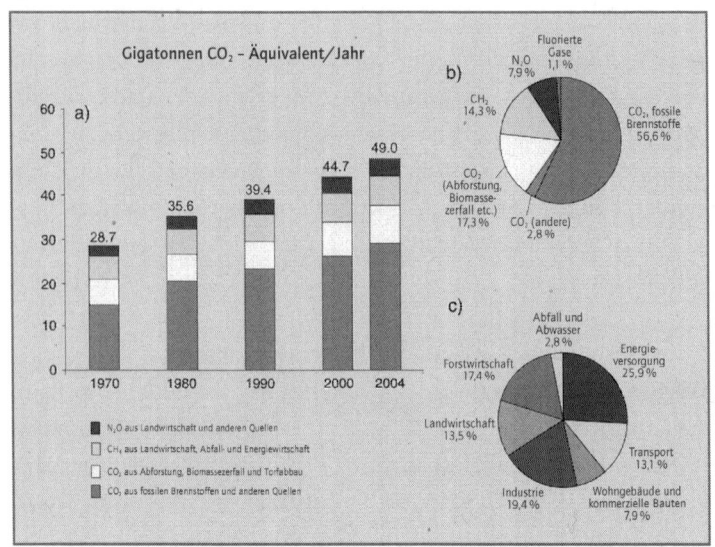

Bedeutung und Ursachen der Klimagase: a) zeitliche Entwicklung, b) relativer Beitrag/ Gasarten, c) relative Verwendung. Quelle: Climate Change 2007: Synthesis Report. Contribution of Working Groups I, II and III to the Fourth Assessment Report of the Intergovernmental Panel on Climate Change. Core Writing Team, Pachauri, R.K., and Reisinger, A. (Eds.) IPCC, Geneva, Switzerland. Page 36.

schrieb, dass es wegen »kleiner« Korruption im Behördenapparat und groß angelegter Korruption in der Politik dort unmöglich sei, die Grundstücksbarone an der brutalen Abholzung des Urwalds zu hindern. Natürlich ist der Landgewinn durch Urwaldzerstörung dort verboten, mangels eines funktionierenden Staatsapparates ist das Verbot aber nicht durchsetzbar. Die Grundbarone haben die Oberhand. Wieder zeigt sich, dass gerade Korruption das schrecklichste Gift ist gegen wirksame Kontrolle radikaler marktwirtschaftlicher Handlungsweisen. Das Problem unterstreicht, dass Organisationen wie Transparency International verstärkt mitgehört werden müssen, und es zeigt erneut, dass gerade die Verantwortung der Bankenwelt ungeheuer weit reicht. Im folgenden Kapitel Finanzen werde ich darauf zurückkommen. Über dem Beispiel aber schwebt auch die enorme

Problematik der armen, zugleich aber stark wachsenden Bevölkerung der Schwellenländer, die durch die Schwäche ihrer staatlichen Strukturen zu diesem ständigen Kontrast der Armut gegenüber den Machtexzessen der Oberschicht verurteilt scheinen, letztlich aber nur eines anstreben: ein bisschen Wohlstand und Lebensstandard, wenigstens einen Zipfel unserer so verführerischen Zivilisation zu erhaschen!

Das Jetzt ist endlich – globaler Verbrauchsturbo Lebensstandard

Heute verteilt sich die CO_2-Erzeugung ganz analog zum Lebensstandard. Das Pro-Kopf-Einkommen der ärmsten Nationen korreliert mit einer vernachlässigbaren CO_2-Erzeugung pro Kopf. In Äthiopien als einem der ärmsten Länder der Welt umfasst sie kaum eine Tonne pro Kopf jährlich, China hat bereits die drei Tonnen überschritten, bei uns in Deutschland sind es zwölf und in den USA fast zwanzig Tonnen je Bewohner. Unser hoher Lebensstandard korreliert also unmittelbar mit dem CO_2-Ausstoß, was in sich schon zeigt, dass ein weltweites Anheben des Lebensstandards zur ökologischen Katastrophe führen wird. Natürlich wird der Abbau weltweiter Armut von uns allen unterstützt und ist in den betroffenen Ländern auch erklärtes politisches Ziel. Aber es muss allen Beteiligten klar sein, dass der globale Abbau von Armut auf einem anderen Energie- und Landwirtschaftskonzept aufbauen muss, um weitere schwerwiegende Folgen für das Ökosystem zu vermeiden.

Ziel unserer Zivilisation muss entsprechend sein, den Verbrauch auf zwei Tonnen pro Kopf und Jahr zu drücken, denn das in etwa resorbieren Wälder und Ozeane, und das weitere Wachstum der Weltbevölkerung zu begrenzen. Dieses rasche Wachstum der Weltbevölkerung ist übrigens ebenfalls ein Ergebnis unserer Zivilisation, genauer gesagt, des naturwissenschaftlichen und technologischen Fortschritts und keineswegs naturgegeben. Denn er hat die alten brutalen Gleichgewichte zwischen Krankheit und Geburt gebrochen. Es begann mit dem besseren Verständnis von Gesundheitsvoraussetzungen, also mit sauberem Wasser, gesünderer Ernährung und besserer Hygiene, und setzte sich mit beginnender Heilkunde und besser werdender medizinischer Versorgung fort. Das aber sind die ersten Ziele beginnenden Wohlstands. Auch wenn diese Entwicklung in vielen Ländern noch in den Kinderschuhen steckt, das Wachstum der Weltbevölkerung wird uns weiter begleiten.

Ein Beispiel aus Indien mag das illustrieren. Ich denke zurück an die Einweihung eines neuen großen Hospitaltrakts, die mit Politikern, führenden Ärzten, Stiftern und Filmschauspielern unter freiem Himmel gefeiert wurde. Einer der Festredner fasste den Hintergrund der dortigen Bevölkerungsexplosion zusammen. Zu Zeiten von Mahatma Gandhi betrug die Lebenserwartung der meisten Menschen gerade einmal dreißig Jahre. Verunreinigtes Wasser, schlechte Ernährung und hohe Kindersterblichkeit waren die Ursachen. Ein sich langsam erhöhender Lebensstandard in unserem Sinn schuf erste Abhilfe, die Lebenserwartung stieg trotz noch kaum entwickelter medizinischer Versorgung auf rund fünfzig Jahre. Die Infektionskrankheiten blieben die mit Abstand häufigste Todesursache, sie traten fünfmal so häufig auf wie Tumore und Kreislaufkrankheiten; bei uns sind sie dagegen als Todesursache nahezu ausgerottet. Mit der Zeit wurden Antibiotika und der Gang zum Arzt auch hier zu alltäglichen Gegenmaßnahmen. Heute hat Indien die Siebzig-Jahres-Grenze bei der Lebenserwartung weit überschritten, die Verdreifachung der Gesamtbevölkerung – und mit ihr ein enorm steigender Energiebedarf – ist die logische Folge.

Gleiches vollzieht sich bei vielen anderen Nationen – mit all seinen erstrebenswerten Licht- und seinen negativen Schattenseiten. Fernsehen, Internet und Printmedien gibt es heute in allen Teilen der Welt, sie schaffen Vergleichsmöglichkeiten und fördern Begehrlichkeiten. Das Streben aller Menschen nach den Errungenschaften unserer Zivilisation, nach Humanität, Medizin und ausreichenden Nahrungsmitteln ist unaufhaltsam. Zu glauben, diese Welle könne man stoppen, ist schlicht naiv. Und birgt die Gefahr, unsere zivilisatorischen Errungenschaften auch mit Gewalt schützen zu wollen. Man denke nur an die Flüchtlingsdramen, die sich immer wieder vor den Toren Europas ereignen.

Hier schließt sich der Bogen dieses Kapitels. Denn natürlich werden die aufstrebenden Nationen zunächst die Technologien verwenden, die unsere Länder zur Verfügung stellen. Die Verantwortung hat also eine doppelte Dimension. Der rasche Umbau bei uns ist notwendige Voraussetzung, um weitere Irrwege der Schwellenländer zu vermeiden und auch stark technisch zunehmend leistungsfähigen Nationen wie China und Indien Beispiel und Technologien zu liefern. Zu hoffen, wir können beim »Jetzt« stehen bleiben, wird allein schon wegen des Zivilisationsdrangs der aufstrebenden Nationen ins Chaos führen. Da unser Globus schon jetzt unter den gestörten Ressourcengleichgewichten leidet, wie sehr mag sich die Situation verschärfen, wenn wir weiter zuwarten.

Falsch wäre es allerdings, daraus eine generelle Verteufelung des Wachstums abzuleiten. Fast von selbst ergibt sich aus der obigen Grafik die richtige Antwort, sofern man zu den Verpflichtungen des globalen Ausgleichs und der Nachhaltigkeit steht. Nicht Wachstum an sich ist eine grundsätzliche Gefahr, sondern Wachstum mit langfristig verheerenden Folgeschäden. Eine entsprechend aufgeklärte Zivilisation kann nicht nur, sie muss sogar den Entwicklungs- und Schwellenländern die Chance zu starkem Wachstum eröffnen. Genauso müssen die neuen Branchen, die zukünftige Ressourcengleichgewichte sichern, wachsen, die alten Technologiesektoren dagegen schrumpfen. Gerade in Deutschland haben wir nun fast ein Jahrzehnt schwachen Wachstums hinter uns, ohne dass deshalb das große Darben, die große Unzufriedenheit ausgebrochen wären. Es scheint, dass guter Lebensstandard nicht verbunden sein muss mit ständiger Verherrlichung des Wachstums. Die Aufgabe ist nun, auch die Übernutzung der globalen Ressourcen zu zügeln und unsere eigene Zivilisation so ins Gleichgewicht zu bringen, dass den aufstrebenden Nationen eine von vornherein ressourcenschonende, ausgewogene Zivilisation angeboten wird.

Fast alle Länder haben nun ehrgeizige Programme zu Energieeffizienz und alternativen Energien angekündigt. Nun kommt es darauf allerdings an, nicht nur staatliche Vorgaben von oben zu diktieren, sondern als Wirtschaft von innen heraus zu gestalten. Nur mit dieser Kombination lässt sich nach meiner Überzeugung unser Zivilisationsmodell umbauen und es geeignet machen für Lebensstandard weltweit.

Die notwendigen Ersatztechnologien stehen nun weitgehend bereit. Nun geht es, wie gesagt, um den Willen aller, um die Steuerungsinstrumente und last, but not least um die Finanzierung. Und damit rückt die Finanzbranche noch mehr ins Rampenlicht, aus dem sie sich eigentlich so gerne heraushalten würde.

KAPITEL VI

Der wertfreie Mittler Kapital

Prolog: Bessere Regeln, nur nicht »nachhaltig«

Die notwendige weltweite Regulierung des Finanzsektors geht weit über das Thema dieses Buches hinaus. Insbesondere die weiter wachsenden grauen Märkte und die Hedgefonds sind durch einen Wertekodex nicht zu regeln. Sie sind größtenteils sozial unverantwortliche Exzesse der Gier ihrer Investoren, und dies noch verstärkt durch die Politik des billigen Geldes.

Umgekehrt hat allerdings auch die Bereitschaft von Investoren, nach »nachhaltig« verantwortbaren Investitionen zu suchen, zugenommen. Die Suche trifft erfreulicherweise inzwischen auf ein breites Angebot. Dabei kommt den Wertekodizes, Nachhaltigkeit von Firmen zu beurteilen, besondere Bedeutung zu. Leider sind viele Ratings jedoch ohne Aussagekraft. Schuld daran ist vor allem die mangelnd transparente Berichtspflicht über die jeweilige Geschäftspolitik. Immerhin zeigt hier der Finanzsektor positive Veränderungen und viel Fortschritt.[47]

Auch sonst hat sich im Finanzsektor manches bewegt. Da ist zuallererst das Bemühen der USA zu nennen, Geldwäsche, schwarze Konten und Steueroasen auszutrocknen. Allerdings zeigen sich in den weltweiten Finanzmärkten die Grenzen im Steuerwettbewerb von Nationen.

Die Gesetze, die einen Staat zur Steueroase machen, stammen zwar aus dem jeweiligen Land selbst, der Druck, sie nicht zu nutzen, aber muss von den führenden Industrienationen, den G20, ausgehen. Allerdings wird eine global koordinierte Steuerpolitik immer nur ein

Teilerfolg sein, wenn nicht aus dem Inneren der Gesellschaft gefordert wird, eine verantwortungsvolle Steuerveranlagung zum Standard von Firmen und Vermögenden zu machen. Deshalb: Mit einem verpflichtenden Wertekodex gegen die Nutzung von Steueroasen wäre ein weiterer Schritt in die richtige Richtung möglich. Es ergänzt sich mit weiter zunehmender Regelungsdichte, auch von den Verbänden.

So hat der Weltverband der Banken, der IIF, seine Regeln verbessert, um Schwarzgeld und Geldwäsche, aber auch riskante Großzügigkeit in der Kreditvergabe zu erschweren. Nicht angeschlossen hat er sich allerdings der Empfehlung nicht nur dieses Buches, die exzessiven Boni zu begrenzen. Deren Höhe – wie überhaupt die Einkommen der Führungsschicht der Bankenwelt – sind weitgehend auf dem Niveau vor der Finanzkrise, ja teils darüber. Dies auch bei Banken, die mit Steuergeldern gerettet werden mussten. Allerdings ist zur Korrektur von Einkommensexzessen nicht nur ein Wertekodex erforderlich, sondern auch mehr Mut der Aufsichtsorgane. Denn es sind die Aufsichtsräte – damit auch die Mitglieder der meist gewerkschaftlich ausgewählten Vertreter die die Bedingungen festlegen. Nur leider haben die Gewerkschaften ihre problematische Position beibehalten, nicht in die Gehaltsfindung von Führungskräften einzugreifen. Dabei wäre dies eine besonders wichtige Pflicht der Mitbestimmung der Arbeitnehmer von Aktiengesellschaften. Es sind eben zu wenige, die die in diesem und auch in meinem früheren Buch *Plateau 3* beschriebenen Appelle beachtet haben.

Im Grunde haben wir eine ungewöhnliche Zeit. Denn das Wachstum ist gering – eine der wichtigen Voraussetzungen gegen die weitere Zunahme der atmosphärischen Belastung mit Klimagasen –, und auch die Nullzinspolitik der Zentralbanken und die damit großzügige Kreditvergabe konnten das Wachstum nicht wirklich anschieben. Zum Glück. Aber das hierdurch entstandene ungeheure Volumen von Krediten und die enorme Vermehrung der Geldmenge – genauer gesagt, der öffentlichen Schulden – sind eine Entgleisung politischen Handelns, die uns die jüngere Generation eines Tages genauso um die Ohren hauen wird wie den Klimawandel. Der Unterschied ist nur, dass Geld vergänglich ist, während der Klimawandel irreversibel bleiben wird.

Berufsbild Finanzinnovator

Bernhard Gordon redete sich in Rage, aus seinen Worten sprach eine Mischung aus Wut und Verbitterung. Bernie, wie wir ihn nannten, war einer der typischen amerikanischen Multimillionäre, reich geworden durch die technologische Revolution. Seine Elektronikfirma hatte er vor vierzig Jahren mit der Herstellung von Schlüsselkomponenten zur Digitalisierung begonnen. Ohne diese Komponenten wäre das digitale Zeitalter nicht möglich. Seine Firma im Hightechgürtel von Boston hat heute weit über tausend Mitarbeiter und gilt unverändert als eine der führenden Firmen für Spezialanwendungen der digitalen Elektronik, etwa in der Medizintechnik. Er konnte mit seinen Erfolgen zufrieden sein, aber das hätte nicht dem Ehrgeiz eines erfolgreichen Unternehmers entsprochen. Bernie wetterte: »Das Problem der USA ist, dass alle talentierten Jugendlichen Finanzanalysten werden, und keiner wird mehr Ingenieur. Das Geld in der Finanzbranche ist so verdammt leicht verdient, dass die harte Arbeit innovativer Ingenieure nicht mehr attraktiv ist.«

Dies ist, obwohl es so brandaktuell klingt, dreißig Jahre her. Wir, alle in technischen Berufen zu Hause, nickten damals zustimmend, wenn auch wenig interessiert. Was wir nicht ahnen konnten, war, dass dieser frühe Zustrom der jungen Talente in die Finanzbranche die Grundlage legte für die späteren Exzesse. Die Kerle waren innovativ – gerade das hätte sie ja auch für den Ingenieurberuf interessant gemacht –, setzten nun aber, unterstützt durch die wachstumshungrige Niedrigzinspolitik der Regierungen Clinton und Bush, die Kreativität nicht mehr für industrielle Produkte, sondern für Erfolge in der Finanzbranche ein. Und die wandelte sich um die Jahrtausendwende dramatisch. Mehr und mehr dominierte nicht mehr der gesetzte, konservative Banker, sondern kühne Mathematik, Computermodelle und kreative Verschachtelung bei der Schaffung neuer Produkte und Methoden. Mit als Erste entdeckte die Branche auch die enormen Möglichkeiten der beginnenden weltweiten Onlinevernetzung und wurde so zum eigentlichen Gewinner der Globalisierung. Rasch wurden die großen Unterschiede der nationalen Gesetzgebung entdeckt und kräftig genutzt. War es zu Anfang nur die Schweiz, die Bankgeheimnis und Steueroase zum Geschäftsmodell erhob, so folgten bald zahlreiche der kleinen, wirtschaftlich eher benachteiligten Nationen. Dieses Szenario wurde durch die Liberalisierung des internationalen Geldhandels und die Aufhebung der früher üblichen Trennung von klassischem Bankgeschäft, von Wertpapierhandel und Vermögensverwaltung enorm begünstigt, was sich alles durch den gleichzeitig stark anschwellenden Welthandel immer schwerer überwachen ließ.

Die wenigen Staaten, die anfangs versuchten, wenigstens internationale Geldtransfers zu regulieren, scheiterten rasch an dieser kreativen Unmoral. Denn Warenexport und Warenimport gehen nicht ohne Geldtransfer. Und das konnte man weidlich nutzen, schon vor einigen Jahrzehnten. Damals waren die Methoden noch für jeden verständlich, gut erinnere ich mich an typische Situationen vor der »neuen Zeit«.

Anfang der 90er-Jahre beispielsweise kam mein kaufmännischer Leiter einmal gegen Abend in mein Büro und legte mir wortlos eine Anfrage der indischen Vertriebsgesellschaft auf den Tisch: Man verhandle einen Auftrag über acht Computertomografen im Wert von zwölf Millionen DM. Die Preisstellung sei in Ordnung, aber der Kunde wolle eine Rechnung über den doppelten Betrag und die Differenz auf sein Schweizer Konto abgeführt haben. Damit umging man die indischen Gesetze gegen Kapitalexport, die verstärkte Investitionen im Land sichern sollten. Ich kannte solche Anfragen, sie waren für unsere kaufmännischen Leiter tägliches Brot. In mir stieg zwar der Ärger hoch, weil ich wusste, dass der Auftrag uns sehr geholfen hätte und nun an die Konkurrenz ging, aber ich sagte dennoch kurz: »Lassen Sie die Finger davon.« Neugierig war ich nur, wer denn der »glückliche« Konkurrent sein würde. Im Monatsbericht stand dann, dass den Auftrag eine japanische Firma bekommen habe.

Globale Freiheit – online vernetzt

Das waren noch traditionelle Methoden mit falschen Rechnungen und Nummernkonten in der Schweiz. Dann kam das Internet. Damit betrat die Finanzbranche ein neues, fruchtbares Feld, das zur Kreativität geradezu herausforderte, alle Gesetzeslücken schnell fand und mit dem wegen der globalen Beweglichkeit von Kapital teilweise eine andere Auffassung von Ethik Fuß fasste. Denn nun konnte man gesetzeskonform handeln und dennoch Grundauffassungen unseres Staatswesens umgehen. Der einzelne Staat war mit der Anpassung seiner Regeln nicht mehr rasch genug, um nachzuziehen, ein viel schärferer Wettbewerb der Nationen um Kapital und Zuspruch trat ein. Ehrliche Steuern wurden für manche Nebensache, Steuervermeidung zum üblichen Sport der Vermögensverwaltung und der international sofortige Geldtransfer zum neuen Hebel der Spekulation.

Geldgeber gab es reichlich. Die suchtähnliche Abhängigkeit der Zivilisation von Öl und Gas schaffte Multimilliarden in Staaten, die auf ein sauberes Finanzwesen nicht vorbereitet waren und deren Entscheider die Flut der neuen Geldschwemme ohne Kontrolle nutzten. Der Zusammenbruch der sozialistischen Staaten bot weitere Möglichkeiten, ungeheure Reichtümer in die Hand Einzelner zu bringen, Korruption, Mafia und Drogenhandel taten ein Übriges, und die vom Sozialstaat einigermaßen besiegt geglaubte Arm-Reich-Schere feierte ihre Wiedergeburt in bisher unbekannter Stärke.

Wobei mich sehr überrascht hat, wessen »Vermögen« da sonst noch investiert wurden und werden. Denn es sind erheblich auch Pensionsfonds, Versicherungen und Stiftungen, die da auf das große Geld hoffen, mit welchen Methoden auch immer. Deren Mitarbeiter zeigten durchaus Bereitschaft, zu Risiken und Extrema verführt zu werden, ja es war vielleicht besonders verlockend, war es doch auf Kosten anderer, ohne privates Risiko. Immer wieder konnte ich die internationale und weitgehend anonyme Verteilung der Investitionsinteressen beobachten.

Als ich beispielsweise vor einigen Jahren gebeten wurde, die Neuauflage eines Kapitalanlegefonds einer europäischen Private-Equity-Gesellschaft – übrigens keiner typischen »Heuschrecke« – mit Referenzgesprächen zu unterstützen, kam ich mit einigen Dutzend Großanlegern in persönlichen Kontakt. Ich kannte den Fonds, der in sanierungsbedürftige Industrieunternehmen investierte, seit Langem als Berater und konnte so die Anlagepolitik und die Arbeitsweise gut erläutern. Obwohl es ein europäischer Fonds war, gingen Anrufe aus der ganzen Welt ein. Selbst die Pensionsfonds zweier führender japanischer Elektronikkonzerne waren dabei. Die Anlage wirkte – wie damals für die Private-Equity-Branche typisch – sehr attraktiv, denn der auf das investierte Geld erreichte Gewinn wurde durch großzügig bemessene und zinsgünstige Kredite vervielfacht. Verzinsungen von 30 bis 100 Prozent jährlich waren keine Seltenheit, wenn es nur gelang, die Unternehmen rasch zu sanieren und zum doppelten oder dreifachen Erwerbswert wieder abzustoßen.

Die Gespräche zeigten, dass das meiste Kapital heute in den Händen anonymer Verwalter liegt, die aber kaum nach Werteaspekten fragten. Die Nachfrage nach nachhaltig korrekter Wertanlage spielte kaum eine Rolle. Es waren und sind die Sachbearbeiter der Firmen, die entscheiden, und nicht etwa die Pensionäre oder die Versicherten, um deren Vermögen es da geht. Getrieben vom Bonus, ist die spielerische Lust am Risiko zwangsläufig, denn das Gehalt kommt sowieso, und das persönliche Risiko ist, wie gesagt, gering. Entsprechend wichtig ist es, nicht nur die Anbieterseite der Investmentbanken zu sehen, sondern auch das Verhalten von deren Kunden und gerade für die großen institutionellen Anleger einen strengen Wertekodex zu schaffen.

Der »klassische Kapitalist«, das personalisierte Barvermögen, ist in diesem Konzert des großen Geldes heute eine kleine Minderheit.

Das heißt natürlich nicht, dass es privat Vermögende nicht mehr gibt. Erbschaften, die großen Boni und mancher Unternehmensverkauf oder Spekulationsgewinn sorgen dafür, dass privat Vermögende noch reichlich in den Hochburgen des Jetset unterwegs sind und scheinbar nur ungern zu Hause leben. Gerade wir Deutschen waren ja sehr erfolgreich darin, Vermögende zu vertreiben. Die ungeheure Steuerlast durch die Summierung von Einkommensteuer, Umsatzsteuer, Kirchensteuer und Solidaritätsbeitrag ist international nicht mehr konkurrenzfähig. Steuerflucht ist eine fast zwingende Konsequenz. Nicht genau bekannt ist die große Zahl der Vermögenden, die Deutschland schlicht den Rücken gekehrt haben. Man trifft sie in der Schweiz, in Monaco oder in den USA, man trifft unsere »Auswanderer« an allen schönen Plätzen der Welt. Es ist eine ganz legale Form der »Steuerflucht« durch die Aufgabe der Heimat Deutschland, man wundert sich, dass dieser Aderlass zu Hause nicht stärker wahrgenommen wird. Nebenbei bemerkt, es handelt sich bei dieser Abwanderungswelle nicht nur um Vermögende, es sind genauso Wissenschaftler, Ärzte und Facharbeiter, die Deutschland derzeit Jahr für Jahr verliert. Keine guten Voraussetzungen für die anstehenden Veränderungen, bei denen es auf Know-how, Patente und Kapital ankommt.

Zum bedenklichen Know-how-Abfluss noch eine charakteristische Zahl: 90 Prozent der deutschen Patente werden heute im Ausland verwertet. Deutschland hat durch seine Bürokratie, durch seine oft innovationsfeindliche Stimmung und durch fehlende Arbeitsmarktflexibilität längst jede Attraktivität für Neugründungen und für ausländisches Kapital verloren. Aber das sind Probleme, die über die Absichten dieses Buches hinausgehen.

Zurück zur internationalen Investmentbranche – also zu den »Verwaltern« von Kapital –, denn sie wurde in den letzten Jahren teils zur Heimat der Werteverachtung schlechthin. Gesetzeskonform, wie man gerne betonte, aber schlicht ohne Moral. Der ehrliche, solide Banker wurde vielerorts und auch im öffentlichen Bild durch den schneidigen, geldgierigen Investmentbanker verdrängt, ja die Auswüchse der internationalen Finanzbranche wurden zu einer Hydra, die der Globalisierung erst einen ihrer großen Schrecken gibt. Es geht dabei nicht um die Banken allgemein, sondern speziell um die Teile der Investmentbranche, die von schwarzen Geldern, Spekulation, Steuerhinterziehung, Schnelligkeit und großen Boni für dadurch erzielte Gewinne lebt. Die vielen globalen Verflechtungen sind keine guten Voraussetzungen für eine werteorientierte Gesellschaft; hier Ordnung zu schaffen wird eine der härtesten Aufgaben sein, der sich eine mitbestimmende Zivilgesellschaft stellen kann.

Der Ruf der »Banker« ist heute dank all dieser »Kreativität« erst mal ruiniert. Wobei man gegenüber dem klassischen Bankgeschäft differenzieren muss und der Fairness halber präziser von »Investmentbankern« sprechen sollte, also der Branche, die für die großen Kapitalanlagen und deren gewinnbringende Investition verantwortlich ist. Geändert hat sich dort allerdings auch nach der Finanzkrise nur wenig, die alten Sünden kamen meist nach Monaten schon wieder zurück, ob Extremboni, intransparente Produkte, bald wohl auch wieder die direkte und insbesondere indirekte Bestechung von Mitarbeitern der großen Anleger durch Hinweise zum Insiderhandel oder andere versteckte Zuwendungen …

Symptome des Burn-out

Überhitzt, ethisch unausgewogen handelnde Teile der Finanzbranche sind eine der problematischsten Krankheiten, die eine Marktwirtschaft haben kann, denn den Überhitzungen folgen zwangsläufig Kollaps und Burn-out mit den bekannten volkswirtschaftlichen Folgen.

Jeder Manager kennt sie, die Symptome des Burn-out. Aus Medien, bei betroffenen Kollegen und aus dem eigenen Inneren ist einem dieses Gefühl der Überlastung, das aus dem Ehrgeiz nach mehr entsteht, vertraut. Dieser Zustand kennt kein erreichtes Ziel, er kennt nur Steigerung und ständiges Streben nach dem einen Ziel, nach Erfolg, noch mehr Erfolg. Genau das liest sich wie eine Zustandsbeschreibung dieser Teile der Investmentbranche, die mit der Droge extremer Boni die Beteiligten reizte und damit die gesamte Branche wie eine überlastete Fußballmannschaft in den Kollaps trieb – und das teils immer noch tut. Wie immer bei einem Burn-out muss die Therapie von innen beginnen, mit der Überzeugung für einen anderen Lebensstil, unterstützt von der umgebenden Gemeinschaft, mit einer guten Mischung aus Zuspruch und Härte. Nur dann wird sich Grundsätzliches ändern.

Aber einfach ist dies nicht. Denn man sieht, dass etliche Effekte verschmelzen. Da ist die wachstumtreibende Niederzinspolitik mit der Konsequenz der enormen Aufblähung der Geldmenge, da ist die hohe Kreativität der Investmentbranche, die willfährig kooperierende Kunden hat, und da ist die globale Freizügigkeit des Geldtransfers, der der internationalen Spekulation, aber auch dem Wettbewerb der Nationen ein freies, ungeregeltes Feld gibt. Und da ist das Umfeld der Ratingagenturen, der Wirtschaftsprüfer und der Analysten und schließlich die in keiner Weise homogene Finanzwelt, deren Führungspersonen vom ehrlichen Kaufmann bis zum spielsüchtigen Finanzjongleur reichen. Kein leichtes Feld für einen Ordnungsrahmen, weder für die internationale Staatengemeinschaft noch für die Zivilgesellschaft. Aber die Nuss muss geknackt werden. Zu wichtig ist eine sauber werteorientierte Finanzwirtschaft für Funktion und Akzeptanz der Marktwirtschaft.

Kapital hat Sozialfunktion – und nicht Spielsaloncharakter

Alles andere ist ein herber Schlag gegen unser Gefühl für Gerechtigkeit, für unseren Anspruch auf soziale Ausgewogenheit und Fairness. Die Finanzkrise hat durch die entstandenen Schäden vielerorts einen sozialen Scherbenhaufen hinterlassen. Er war (und ist) die Konsequenz eines fehlenden globalen Ordnungsrahmens und einer Überschätzung der Korrekturkräfte der Marktwirtschaft – genauso übrigens wie beim Klimawandel – und ist wegen ihrer sozialpsychologisch verstandenen Wurzeln mit den gleichen Methoden einer starken Mitbestimmung der Zivilgesellschaft zu bekämpfen. Am Rande sei übrigens erwähnt, dass parallel große Bilanzbetrügereien wie Enron und WorldCom liefen, die zwar mit dem »Sarbanes-Oxley«-Gesetz, benannt nach zwei amerikanischen Senatoren, weitere staatliche Bürokratie erzeugten, nicht aber eine neue Wertephilosophie der Wirtschaft erreichen konnten. Dass bei so vielen Enttäuschungen manche die alten Ideen verstaatlichter Banken und eines sozialisiert enteigneten Kapitalmarkts ins Spiel brachten, überrascht nicht. Aber gerade die Komplexität der Rolle des Kapitals durch seine Beteiligung in fast jedem Wirtschaftsvorgang macht diese Vorschläge für Zeiten großer Veränderungen besonders ungeeignet.

Zum Glück haben einige der großen Nationen nach jahrelangem Zögern nun begonnen, dem Gebaren der Finanzwelt wieder gegenzuhalten. Allerdings musste erst einiges passieren, was mit Werteorientierung eigentlich nur wenig zu tun hat. Eine der überraschenden Erkenntnisse nach der Zerstörung des World Trade Center durch radikalislamistische Terroristen war, dass diese Organisationen im Wesentlichen durch Schwarzgeld finanziert werden und deshalb die Bekämpfung der Geldwäsche eine Priorität bei der Eindämmung dieses Terrorismus sein muss. Plötzlich entdeckten die USA – bisher die treibende Kraft hinter jeder Liberalisierung – die Notwendigkeit, den Ursprung des Geldes besser zu kontrollieren. Drogenhandel und Mafia haben es nun etwas schwerer, große Geldmengen international zu bewegen. Auch Korruption, seit Längerem schon auf der Verbotsliste, wird nun stärker verfolgt. Parallel dazu ist der amerikanische Staat durch den unüberlegten Irakkrieg und die Finanzkrise auf ein Schuldenniveau geraten, das die Schließung von Steuerschlupflöchern zwingend erforderlich macht. Durch das Zusammenwirken verschiedener Faktoren ist so endlich erheblicher Druck entstanden, den Geldzufluss in die internationalen grauen und schwarzen Kassen zu stoppen.

Nun ist generell verbesserte Werteorientierung das Gebot der Stunde, wobei zu hoffen ist, dass die anfänglichen »Dekrete« von Präsident

Trump zur »Befreiung« der Finanzbranche dennoch mit klar begrenzenden Regeln umgesetzt werden. Und dabei können die Einbeziehung der Mitbestimmung der Zivilgesellschaft und der Aufbau strenger Branchenkodizes für alle beteiligten Teile der Finanzwirtschaft durchaus eine Antwort sein zur Sicherung der Werteorientierung und Begrenzung der ständig wiederkehrenden Exzesse, ob nun global oder nur in der Europäischen Union.

Mehr Zivilcourage in der Finanzwelt

Im Gegensatz zu Naturschutz und Nachhaltigkeit ist der werteorientierte Gegenpol der NGOs zur Finanzwirtschaft allerdings noch schwach ausgeprägt. Nur Transparency International genießt hier höchsten Respekt. Fehlende lokale Betroffenheit führt zu fehlendem lokalen Engagement, immer noch Basis auch der globalen Netze. Aber das kann sich ändern, kann wachsen.

Interessant ist in diesem Zusammenhang zum Beispiel, dass in den USA erste Organisationen mit zum Teil mehreren hunderttausend Mitgliedern entstanden sind, die das Vorgehen der Finanzbranche und der Ratingagenturen als Auslöser der Finanzkrise rechtlich überprüfen lassen. Für mich ist offensichtlich, dass es sich in vielen Fällen um versteckten Betrug und klassische Umgehungstatbestände des Steuer- und Bilanzrechts handelte und dass vielen Verantwortlichen schon seit Jahren klar war, dass viele der vertriebenen Papiere nicht werthaltig waren und Komponenten eines ganz normalen Betrugs aufwiesen. Auch ein Ausschuss des amerikanischen Kongresses wurde aktiv.

In Summe hat die extreme Liberalisierung der Finanzbranche vergessen lassen, dass Geld keinen Selbstzweck hat, andererseits aber ganz besonders süchtig machen kann. Die Finanzbranche wird deshalb immer Sonderregeln brauchen, die härter sind als in der übrigen Marktwirtschaft. Als Zivilgesellschaft koordiniert gegen die Finanzbranche aktiv zu werden ersetzt dabei natürlich nicht die Bemühungen der internationalen Staatengemeinschaften G7 und G20, der OECD und besonders auch der EU. Aber die verschärfte Pflicht zum Wertekodex könnten sie ideal ergänzen, könnten damit Hand in Hand gehen.

Wertekodex Finanzen

Was nun kann die Zivilgesellschaft hier konkret tun? Es ist wohl jedem klar, dass sich das komplexe Zusammenspiel vieler Akteure nicht mit einem einzigen Branchenkodex beantworten lässt. Vielmehr wird er für die Investmentbranche selbst, für die Ratingagenturen, für die Wirtschaftsprüfer, für die Hypothekenbranche und insbesondere auch für die verschiedenen Investorgruppen sehr unterschiedlich sein müssen. Richtungweisend als Beispiel erläutere ich hier nur Elemente des Branchenkodex für die Investmentbanken, Regelvorschläge, die von einer mitbestimmten Zivilgesellschaft zu vertiefen wären.

Am Anfang steht sicher die Frage der erfolgsabhängigen Vergütung, also der berühmten Boni. Die Definition setzt voraus, dass zunächst die *Erwartungen der Gesellschaft* an diese Branche besser definiert werden müssen. Aus den vergangenen Erfahrungen heraus stehen dabei Stabilität, Transparenz und Staatstreue im Vordergrund – wobei ich mit Staatstreue meine, dass Steuervermeidung, Offshoreeinbeziehung und Bilanzierungstricks ausgeschlossen werden. Eine Begrenzung der Tätigkeit auf den Heimatstaat ist selbstverständlich nicht gemeint, wohl aber die Abgrenzung zur berühmten schwarzen Liste der OECD.

Darauf aufbauend, lassen sich *Incentive-Modelle* erstellen, die kurzfristige Gewinne und Manipulation der Aktienkurse uninteressant machen. Aus meiner Sicht gehört jede Beteiligung am Aktienkurs und am Jahresergebnis unterbunden, einschließlich Aktienoptionen. Allenfalls eine vieljährige Mittelbildung mag für langjährige Mitarbeiter infrage kommen, eventuell kombiniert mit Pensionsrechten. Der Branchenkodex nimmt also Funktionen eines Tarifvertrags für Führungskräfte an, ein sicher für viele gewöhnungsbedürftiger Grundgedanke, aber der Erfolg versprechende Ansatz zur branchenweiten ordnenden Koordination dieses komplexen Themas. Klar, dass aus meiner Sicht auch eine Obergrenze zum Beispiel bei einem Jahresgehalt gezogen werden sollte, eine Maßnahme, die in der EU 2009 wegen der noch fehlenden Wirksamkeit der Lissabon-Verträge scheiterte. Damals weigerte sich Großbritannien. Der Bürgermeister von London war eigens nach Brüssel gereist, um das zu sichern und die naturgemäß zahlungskräftigen Bonusempfänger der Banken für seine City als Käufer zu erhalten. Die damals und nachfolgend von den Teilnehmern beschlossenen staatlichen Maßnahmen sind, wie die Ergebnisse zeigen, aber nach wie vor unzureichend.

Eine weitere große Komponente eines Branchenkodex dürfte die *Frühwarnung* zu Gefahren und Problemprodukten sein. Es gab schon ab 2004 erhebliche Hinweise auf die spätere Krise. Gut erinnere ich mich an den damaligen Besuch des Verbandsvorsitzenden der Österreichischen Genossenschaftsbanken, der dieses Treiben beobachtete und kräftig kritisierte. Den Genossenschaftsbanken war das Investment in die riskanteren Wertpapiere sowieso untersagt. Allerdings verstand ich damals nicht seinen Appell, die Wissenschaft verstärkt auf die Analyse dieser Vorgänge anzusetzen und zu warnen. Sein Besuch bei mir war vergebens. Er gründete später die Salzburg-Ethik-Initiative, die sich besonders um die Werteorientierung des Finanzbereichs bemüht.[48]

Frühwarnung wird immer gut gespeist durch einen »*Ombudsmann*«, also eine firmenunabhängige Beschwerdestelle, die gut informiert und gut vernetzt ist, aber den Informanten absichert gegen berufliche und persönliche Nachteile.

Sehr diffizil und mit anderen Aktionen überlappend ist natürlich die Frage der Rückführung, Abwertung und Ausbuchung von Papieren, die im Offshorebereich deponiert wurden. Aus meiner Sicht ist hier zusätzlich eine staatliche Rückführungsamnestie erforderlich.

Und last, not least ist für einen Branchenkodex ein besonders hartes *Standesrecht* erforderlich, das kooperationsunwillige Führungskräfte für Führungs- und Entscheidungsfunktionen sperrt.

Entscheidend wichtig ist dann schließlich noch das *Geschäftsverbot* für Investmentfirmen, die sich diesen Regeln nicht unterwerfen.

Kapital ist – wie ja erläutert – die notwendige Vorleistung, die jede Veränderung in der Marktwirtschaft braucht. Neue Produkte zu entwickeln, neue Fabriken zu bauen, alte Systeme auszuphasen, all das kann nur gestützt auf ein funktionierendes Finanzwesen gelingen. Die Antwort, aufbauend auf einem verpflichtenden Wertekodex, besteht also aus vielen Facetten. Entscheidend ist, dass langfristig nur faire Wertsteigerung und Stabilität entlohnt werden, dass internationale Großspekulation unterdrückt und Verantwortung für Finanzprodukte und deren Ratings konsequent eingeklagt werden. Das muss – wie gesagt – das gesamte System der Branche umfassen, also auch die Ratingagenturen, die Berater- und Analystenlandschaft und schließlich die Flucht in Steuerschlupflöcher und »Briefkastenländer« ohne staatliche Überwachungsstrukturen. Stellen sich die Verantwortlichen der Finanzbranche dieser Herausforderung eines strengeren Ordnungsrahmens nicht, werden sie zum Totengräber einer global freien Marktwirtschaft und zur Zielscheibe der Wut, die das Gefühl sozialer Ungerechtigkeit schon immer ausgelöst und am Ende immer Aufstand und Revolution erzwungen hat. Politik, Staat und Zivilgesellschaft sind gemeinsam gefordert. Die exorbitanten Bonuszahlungen Ende 2009 von rund 140 Milliarden (!) US-Dollar entsprechen Spielhöllengewinnen – allein bei Goldman Sachs 16 Milliarden – und wurden unter ethisch fraglicher Nutzung globaler Freiheit erzielt. Die gesamte Finanzbranche muss aus diesen Versuchungen heraus, zumal das Damoklesschwert der nächsten Blase längst über ihr – und uns – schwebt.

Die Entzugserscheinungen der Branche wären zwar vorprogrammiert, aber eine erleichternd langfristige Stabilität würde einziehen, mit normaler bezahlten und normaler wirtschaftenden Mitarbeitern.

Es ist nicht zu spät, den IIF, die gemeinsame Weltorganisation der Privatbanken, zu zwingen, den auch intern immer wieder diskutierten Branchenkodex umzusetzen und widerspenstige Firmenmitglieder auszuschließen. Der Finanzsektor braucht die klarsten Grenzen und Handlungsvorgaben. Das von den G20-Staaten dafür als Überwachungsorgan gegründete Financial Stability Board erhält damit eine praxisnahe Grundlage, die von der Zivilgesellschaft energisch überwacht werden und zumindest europaweit als kompromissloser Wertekodex und hartes Standesrecht erzwungen werden muss. Wir müssen da durch, wir müssen die Abhängigkeiten und Schwächen der Regierungen ausgleichen durch die harten Therapiemaßnahmen eines guten Arztes. Denn alle müssen sich über eines im Klaren sein: Der nächste Kollaps könnte der Tod der freien Marktwirtschaft sein. Nur wenn wir die Überkreativen aus der Hydra eliminieren, werden die Wachstumshormone, die ständig einen neuen Hals der schon Vielköpfigen erzeugen, verschwinden.

Erste Bemühungen, die Werteorientierung des Finanzbereichs durch einen »Code of Conduct« zu regeln, gibt es auf nationaler Ebene nun schon zahlreich, aber eben weitgehend unkoordiniert und nur sehr teilweise verpflichtend.[49] Und als neueres Beispiel der »Code Banken der Niederlande«, der primär von Wissenschaftlern erarbeitet wurde. Vielen dieser Codes merkt man an, eine Gegenstimme war bei der Erarbeitung nicht dabei, das strenge Gleichgewicht fehlt. Immerhin, es ist ein Ansatz, der zur weiteren Verbesserung einlädt und der sichtbar zu weltweiter Koordination herausfordert. Er muss sich kombinieren mit einer Veränderung der Regeln der Governance – also der Unternehmensaufsicht. Um deren enorme Möglichkeiten gerade für die werteorientierte Zivilgesellschaft geht es im nächsten Kapitel.

Governance

Die Treppe wird von oben gekehrt

Der gebeizte Lachs schmeckte wieder einmal vorzüglich. Ich war gerade auf einer Aufsichtsratssitzung in Schweden und plauderte während der Mittagspause mit einer Vertreterin der Belegschaft. Ihre Meinung war von allen Mitgliedern sehr geschätzt. Die Mitarbeitervertreter stellten ein Drittel des Aufsichtsrats, die Sitzungen verliefen offen, im gleichberechtigten Dialog mit allen Aufsichtsratsmitgliedern, egal, von welcher Seite sie kamen, und Abstimmungen erfolgten immer im Konsens, auch wenn die Drittelparität Blockaden unmöglich machte. Es war eine angenehme Atmosphäre, man fühlte sich wohler als zum Beispiel in holländischen Aufsichtsräten, in denen keine Belegschaftsvertreter üblich sind. Gespräche zur Stimmung im Unternehmen, zur Beurteilung der sozialen Situation oder zu Belegschaftssorgen kommen erst gar nicht auf, und wenn doch, erhält man dazu nur einseitige Antworten vom Vorstand. Aber die Diskussionen über eine erfolgreiche Zukunft des Unternehmens waren dort am klarsten, ohne irgendein Versteckspiel.

Welch enorme Unterschiede zur deutschen Situation. Zwar lockerten auch in Jena die Thüringer Bratwürste die Mittagszeit auf, und bei Treffen in Baden-Württemberg gab es die besten Butterbrezeln, aber zu oft herrschte eine verschlossene Atmosphäre. Die sogenannte paritätische Mitbestimmung, also die hälftige Besetzung der Aufsichtsräte mit den meist gewerkschaftlich gebundenen Mitarbeitervertretern, führte zu einer eher verkrampften Diskussion, der deshalb meist vorab getrennte Gespräche der Vertreter der sogenannten Kapitalseite einerseits und der Arbeitnehmervertreter andererseits vorausgingen. Nur selten war die Diskussion in der Sitzung selbst offen und unternehmensbezogen, der größere Teil der Zeit ging durch Fensterreden und Positionskämpfe verloren. Mitsprache und Mitbestimmung der Arbeitnehmer können eben sehr unterschiedlich gehandhabt werden.

Das Versagen der Gewerkschaften

Der Ansatz, eine von den Aktionären unabhängige Mitbestimmung in Aufsichtsräten zu verlangen, ist natürlich im Prinzip richtig und wichtig. Denn die Aufsichtsräte sind es, die die entscheidenden Führungspersonen ernennen und die Grundsätze der Unternehmensführung festlegen. Sie sind es auch, die die Geschäftsführungen überwachen und damit zwangsläufig auch lenken. Soll das Unternehmen eine Stakeholder-Philosophie, also eine sozial breitere Politik, betreiben, muss das bis in den Aufsichtsrat gelebt werden.

Den Regeln entsprechend, halten sich Aufsichtsräte in der Öffentlichkeit im Hintergrund, das Unternehmen zu vertreten ist Sache des Vorstands. Deshalb wird der Einfluss von Aufsichtsräten oft verkannt, deren Anteil unterschätzt. Tatsächlich ist heute fast jede größere Organisation – nicht nur Unternehmen – von einem Aufsichtsrat oder Beirat begleitet. Der greift zwar nicht direkt in das aktive Geschäft ein, bestimmt aber mit seiner Personalwahl und den Beschlüssen über die Grundsätze der Geschäftsführung den Marktauftritt und das Sozialverhalten des Unternehmens erheblich mit.

Insofern ist es nur konsequent, dass die Arbeitnehmer eine Mitsprache bei Entscheidungen des Aufsichtsrats haben. Und es war nicht überraschend, dass sich die Gewerkschaften dieses Ziel frühzeitig mit auf die Fahnen schrieben und bald die Führung übernahmen. So weit, so gut, wenn es da nicht einige sehr grundsätzliche Probleme gäbe. Denn dieses Modell ermöglicht nur eine Mitbestimmung der Belegschaft des Unternehmens im eigenen Land, obwohl global agierende Firmen heute einen erheblichen Teil ihrer Mitarbeiter im

Ausland haben. Sie sind nicht nur ohne Stimme, sondern werden von den nationalen Vertretern meist sogar als Konkurrenz gesehen. Das deutsche Mitbestimmungsmodell steht dem globalen Ausgleich damit oft im Wege. Die Revision der internationalen Situation bei den Mitarbeitervertretungen im Aufsichtsrat ist überfällig, wobei natürlich die praktischen Schwierigkeiten einer Umsetzung offensichtlich sind.

Ein weiteres Problem ist, dass die Gewerkschaften mit ihren Forderungen und Zielsetzungen nur den sozialen, nicht aber den ökologischen Teil des erforderlichen Wertekatalogs abdecken. Generell zeigten sie sich bisher an Themen des nachhaltigen Wirtschaftens, des vorsichtig gedämpften Wachstums und des Umweltschutzes wenig interessiert. Die ethische Seite des Geschäfts ist nicht Teil der gewerkschaftlichen Agenda. Deshalb ist es notwendig, dass die werteorientierte Zivilgesellschaft ebenfalls in den Aufsichtsräten repräsentiert wird, um hier Ausgewogenheit zu schaffen – auch wenn dies zulasten des Anteils der Mitarbeitervertreter ginge.

Leider sind die Wahlen für den Aufsichtsrat zudem keine echten Persönlichkeitswahlen, sondern fördern fast durchgängig streng die gewerkschaftliche Einordnung. Denn mit der an SED-Zeiten erinnernden Einheitsliste wird oft erheblicher, gleichschaltender Druck ausgeübt und unabhängigen Mitarbeitern die Wahl in den Aufsichtsrat sehr erschwert. Nur die *eine* Liste gilt als die »wahre« Liste. Das wiegt deshalb besonders schwer, weil die traditionellen deutschen Industriegewerkschaften nicht die Philosophien vertreten, die heute in einer wissensgetriebenen Wirtschaft zwingend notwendig wären, sondern fast nur produktions- und wenig innovationsorientiert sind. Gerade ein Thema wie Arbeitszeitverkürzung ist für industrielle Innovationsprozesse extrem schädlich. Auch sind Arbeitsplätze in der heute stark automatisierten Produktion teuer. Entscheidet man sich hier, die Arbeitszeit zum Beispiel von vierzig auf 35 Stunden zu reduzieren, so sinkt die Auslastung der teuren Einrichtungen um mehr als zehn Prozent. Wirklich dramatisch wirkt sich dies aber in der Wissensgesellschaft, also dem größeren Teil der hiesigen Wertschöpfung, aus.

Denn die Effektivität der wissensorientierten Arbeit sinkt deutlich überproportional mit zurückgehendem Arbeitseinsatz. Das Wissen in den Köpfen der Mitarbeiter ist letztlich die teuerste Investition, ihre intensive Nutzung für Innovationserfolg und Schnelligkeit am Markt entscheidend. Wir konnten beispielsweise die Computertomografie bei Siemens nur deshalb zum Erfolg führen, weil in entscheidenden Phasen das Softwareteam bereit war, teils über fünfzig Stunden wöchentlich zu arbeiten und jeden Tag bis an die Grenze der persönlichen Belastbarkeit zu gehen. Das sind Zeiten, die vorübergehen, die später durch mehr Urlaub ausgeglichen werden können, aber sie entscheiden über die Schnelligkeit einer Entwicklung – und das ist die wichtigste Erfolgsvoraussetzung in innovativen Märkten überhaupt.

Zu häufig agiert die Gewerkschaft zudem bis heute undemokratisch nur als Lobbyverband ihrer eigenen Mitglieder – das ist meist etwa ein Drittel der Mitarbeiter – und ohne Rücksicht auf die Gesamtbeschäftigung, für die sie eigentlich erhebliche Mitverantwortung trägt. Ein besonders unverständliches Versagen allerdings ist der unterlassene Eingriff in die Gestaltung der Vorstandsbezüge, der Vorstandsverträge und der Abfindungen, die mit dem Instrument der Mitbestimmung in Aufsichtsräten möglich gewesen wäre. Ich fand all diese Exzesse schockierend – insbesondere aber das Schweigen der Gewerkschaften.

Schock oder Neid?

War ich schockiert, oder bin ich neidisch? Noch gut erinnere ich mich an das Gefühl, als mein Gehaltszettel nach der Beförderung zum Vorstand ungewohnte Sprünge machte und neue Höhen erreichte. Es war ein wenig unwirklich und schien mir trotz meines großen Arbeitseinsatzes eigentlich zu viel. Prompt unterschätzte ich dann die Risiken bei »steuersparenden« Investitionen in Ostdeutschland und verlor dabei einen guten Teil des Einkommens aus diesen ertragsstarken Jahren. Klar, dass mich dies ärgerte. Aber viel mehr ärgert mich, dass in den Jahren danach die Einkommen der Vorstände mit dramatischem Tempo zunahmen. Erst war es der Verweis auf branchenverwandte Firmen und deren Gehaltspolitik, der Bezüge ansteigen ließ, dann setzte sich die merkwürdige Auffassung durch, dass deutsche Führungskräfte mit amerikanischen Einkommensritualen mitzuhalten hätten. Dabei übersah man gerne, dass nicht die USA, sondern die Japaner ungleich erfolgreicher agierten. Und deren Einkommen lagen damals wie heute weit unter deutschen Vorstandsbezügen. Das amerikanische *Wall Street Journal* war immerhin so fair, in einem globalen Vergleich zu erwähnen, dass in Japan die mittleren Vorstandsbezüge bei einer halben Million Dollar liegen und das Einkommen des Chefs des erfolgreichsten Automobilkonzerns, Toyota, bei circa 600.000 Euro. Unverständlich auch, warum die Medien mit diesen Unterschieden so milde umgingen.

Besonders enttäuscht aber hat mich, wie gesagt, das Versagen der Gewerkschaften. Hatten sie nicht mit großen Streiks und mit Vollmundigkeit die sogenannte paritätische Mitbestimmung durchgesetzt? Warum nutzten sie dieses Mittel nicht auch dazu, Einfluss auf eine ausgewogene Einkommensfindung im Vorstandsbereich zu nehmen?

Wozu soll eine gewerkschaftliche Mitbestimmung gut sein, wenn sie nicht bei der Höhe der Vorstandsbezüge einschließlich der Boni und auch bei den Regeln für vorzeitige Abfindungen ordnend und ausgleichend eingreift? Es ist mir unbegreiflich, warum die Gewerkschaften hier nicht ausgewogene Maßstäbe entwickelt und mit ihren Möglichkeiten durchgesetzt haben. Meist enthielt man sich stattdessen der Stimme. Es scheint die eigenartige Gleichung zu gelten, dass die bestbezahlten Vorstände auch automatisch die erfolgreichsten seien. Nach meinem Eindruck ist dies oft falsch, vielmehr sind es gerade die Höchstbezahlten, die kurzfristige »Optimierungen« als Leitmotiv haben. Um dem entgegenzuwirken, müssen Richtlinien erarbeitet werden, die etwa die Auszahlung von Boni an einen langfristigen Erfolg des Unternehmens koppeln. Die Entdeckung junger Talente ist nach meinen Erfahrungen im Übrigen vielversprechender und erfolgreicher, aber eben aufwendiger.

Mir scheint an der Zeit, das gesamte Konzept der Mitbestimmung in europäischen Aufsichts- und Beiräten zu überdenken. Denn in einer werteorientierten Marktwirtschaft ist es selbstverständlich, dass die Mitglieder solcher Gremien nicht nur Erzkapitalisten und Vertreter der Mitarbeiter sein können. Hier heute auch werteorientierte Vertreter der Zivilgesellschaft mit einzubeziehen ist eine logische Weiterentwicklung. Sozialkompetenz des Gremiums ist wichtig, und zwar in einem umfassend definierten Sinn. Fast zwingend also ist, die Zusammensetzung der kapitalunabhängigen Vertreter in Aufsichtsräten an die heutigen gesellschaftlichen Forderungen anzupassen und neben der Vertretung der Mitarbeiter und Gewerkschaften gleichberechtigt Vertreter zu stellen, die Erfahrungen zu Themen der Nachhaltigkeit, des globalen Austauschs, zum Umweltschutz und zur Ressourcenschonung haben und so die Nachhaltigkeitsorientierung des Unternehmens mit sichern können. Genau das sind die Stärken der werteorientierten NGOs.

Natürlich darf diese Kritik an einigen der heutigen Gewerkschaften nicht den Blick verstellen auf deren historische Verdienste. Denn die sozialen Absicherungen und die Pflicht der Unternehmen zum Dialog entstanden wesentlich durch Zusammenarbeit unter einem gemeinsamen Dach, dem Deutschen Gewerkschaftsbund – heute kurz DGB. Er hat es durch diese Einigkeit geschafft, als Erste der großen Gruppierungen der Zivilgesellschaft unabhängig vom Kapital sozialorientierte Mitbestimmungsrechte für die Themen seiner Mitglieder zu erreichen. Dieses Vorbild des Zusammenhalts ist auch für die werteorientierten NGOs wichtig, die ja heute noch recht unkoordiniert mehr um Stimmungsmache als um echte Mitsprache kämpfen. Aber das Bewusstsein für die Probleme ist heute so weit fortgeschritten, dass Meinungsbildung allein nicht mehr die Priorität sein kann, sondern Einfluss verlangt werden muss. Und das ist am besten abgestimmt und gemeinsam in einem wie auch immer gearteten Wertebund durchzusetzen. Er verdichtet die durch Mitgliedschaft und Mitarbeit in den NGOs unterstrichenen Bürgerwünsche – die klarste themenbezogene Stimme des Bürgers – zu einem gemeinsamen Kanon, der Gehör und Einordnung verlangen kann, um dem heute oft zu schrillen Gesamtkonzert der Marktwirtschaft einen neuen, einen harmonischeren Klang zu geben.

Dieser Ansatz der Mitbestimmung der Zivilgesellschaft als verdichtete Stimme der Bürgerschaft in Aufsichtsräten führt zu einer anderen, gesellschaftlich tiefer gehenden Governance, die nicht mehr die kurzfristigen Sozialbelange und Gewinnmaximierungen als alleinige Ziele sieht. Es ist allerdings ein Ansatz, der zumindest den gesamten europäischen Wirtschaftsraum umfassen muss, damit Werteziele nicht durch den Verweis auf die Konkurrenzfähigkeit verwässert werden können.

In diesem Zusammenhang scheint mir abschließend ein wohlwollender Blick auf den Familienunternehmer sinnvoll. Der wäre wohl nicht zu allen Zeiten so ausgefallen. Aber viele der Privatunternehmer haben sich gerade unter dem Eindruck entgleisender marktwirtschaftlicher Sitten nicht beirren lassen und eine sozial ausgewogene Unternehmensführung als Prinzip beibehalten. Zugegeben, der Familienunternehmer hat es da etwas einfacher, weil es seine persönliche Entscheidung ist, wie wichtig ihm kurzfristige Gewinnoptimierung ist – und auch weil er nicht von anonymen Analysten und Aktionärsvertretern getrieben wird. Gerade im Moment fallen etliche der bekannteren Familienunternehmer durch die positive Differenzierung ihrer Unternehmensführung auf und zeigen, dass Privateigentum nicht mit rauestem Kapitalismus gleichzusetzen ist und durchaus sozial sein kann.

Über alldem schwebt die Frage, wie wir »sozial« definieren. Es kann wohl keinen Zweifel geben, dass eine saubere Definition die Begriffe der Nachhaltigkeit und der Generationengerechtigkeit mit einbeziehen muss. In den Jahrzehnten, in denen unser heutiges Sozialnetz erarbeitet wurde, standen diese Fragen aber noch nicht im Vordergrund. Die fehlende soziale Sicherheit der arbeitenden Bevölkerung abzufedern hatte Priorität. Heute, in Zeiten des vergleichsweise hohen

Lebensstandards, der Globalisierung und der drängenden ökologischen Probleme, sieht die Situation anders aus. Ressourcengleichgewichte, Umbau der Zivilisation, globaler Ausgleich und die Weiterentwicklung zu einer umfassend ökosozialen und generationengerechten Grundhaltung sind die aktuellen Prioritäten.

Unser heutiges System verdrängt die Notwendigkeit, auf diese geänderten Prämissen zu reagieren, wir sind kurzsichtig und egoistisch geblieben. Die sozialen Sicherungsnetze werden längst nicht mehr durch die Wirtschaftskraft getragen. Zwei Drittel des deutschen Bundeshaushalts fallen bereits für Sozialausgaben an, der enorme öffentliche Schuldenberg ist ein Mühlstein um den Hals der nächsten Generation. Genauso benachteiligen unsere Gesetze beim Kündigungsschutz, bei der Erziehungszeit und beim Mieterschutz (mangels ausreichenden Wohnungsbaus) primär die jüngere Generation. Die Rücksichtnahme auf die junge Generation ist da überall erstaunlich gering. Als die Regierung Kohl schließlich einsah, dass ein ausgewogeneres Kündigungsschutzgesetz notwendig war, das nicht von vornherein die Jugend als die »sozial stärkere« Gruppe definiert, hatte die nachfolgende sozialdemokratische Regierung auf Druck der Gewerkschaften nichts Eiligeres zu tun, als dieses Gesetz wieder abzuschaffen, ja es sogar zum Nachteil der Jugend zu verschärfen. Seitdem sind in Deutschland betriebsbedingte Kündigungen in größeren Unternehmen kaum mehr möglich, weil diese Gesetzgebung den Altersaufbau und auch das Kompetenzgefüge der Firmen zu wenig berücksichtigt, aber zum Überleben von Firmen unverzichtbar sind.

Das übliche politische Konzept unseres überdehnten Sozialsystems und der fordernden Gewerkschaften ist der Ruf nach Wachstum, nach mehr Wachstum. Er ist zu einem populistischen Dogma der Verführung geworden mit dem Motto »Wer nicht wächst, stirbt«. Nachhaltigkeit will genau diese Vereinfachung nicht. Natürliche Kreisläufe von Wachstum und Rückgang, die ein Gleichgewicht im Gesamtsystem schaffen, das ist die Forderung der Nachhaltigkeit. Dem mehr Geltung zu verschaffen ist gerade eine der wichtigsten

Aufgaben der Governance, der Führung, denn nur sie kann strukturell Wachstum fördern und bremsen. Fördern kann sie zum Beispiel im Bereich der neuen Technologien für alternative Energien und einer Zivilisation, die Ressourcen schont, bremsen bei den alten Technologien und Mechanismen der Verschwendung und Klimagefährdung. Wachstum in sich muss also nichts Schlechtes sein, erzwungenes Wachstum verschärft aber sehr wohl die Probleme, die wir bereits haben. Manchmal habe ich den Eindruck, die Menschen fühlen das wesentlich konkreter, als die immer Wählerstimmen jagende Politik uns glauben machen will.

Wenn wir uns also den Herausforderungen der neuen Zeit aktiv und gestaltend stellen wollen, bedarf es einer Überarbeitung vieler Teile unseres Systems. Die repräsentative Demokratie der Berufspolitik kann dies, wie gesagt, allein nicht stemmen. Ein viel breiterer gesellschaftlicher Dialog ist notwendig, entsprechende Instrumente der Konsensklärung zwingend.

Fraglich ist, ob uns auch die politischen Trends in der Weltgemeinschaft helfen. Der zeitweise starke Wille zur Gemeinsamkeit, einer neuen Zusammengehörigkeit, die mehr Wertesicherung durchsetzen will, nahm wieder ab: Die G20, der Ansatz zu einer »Weltregierung«, einer freiwilligen Abstimmung der internationalen Ordnung, hatte verheißungsvoll gestartet, aber die starken Zentrifugalkräfte nationaler Interessen scheinen wieder die Oberhand zu gewinnen. Ein bedauerlicher Trend.

G20 – das Ende der Kolonialherrschaft

Denn wer wünscht sie sich nicht, die Weltregierung? Dass sie wegen des weit auseinanderlaufenden Entwicklungsstands der Zivilisation nicht so ohne Weiteres möglich ist, überrascht nicht. Aber auch hier hat sich eine fundamentale Trendwende ergeben. Denn bisher konnten sich die Industrienationen nicht entschließen, ihre Vorherrschaft aus der Hand zu geben. Man nannte sich G7 und wollte damit letztlich die Vorherrschaft der frühen Industrienationen sichern. Auch die

Vetorechte im Sicherheitsrat der Vereinten Nationen dienten keinem anderen Zweck. Es war die Dominanz der alten, weißen Groß- und Kolonialmächte, die die Weltgemeinschaft beherrschen und sich nicht einordnen wollten.

Das aber brach mit den Fehlern der Bush-Regierung und der aus ihnen entstandenen Finanzkrise zusammen. Die USA wählten mit Obama erstmals einen afroamerikanischen Präsidenten, und der rief nicht die G7 zusammen, sondern lud die zwanzig wichtigsten Nationen ein. Plötzlich war nicht mehr die wirtschaftliche Macht allein, sondern die Größe mitentscheidend, und nun saßen mit China, Brasilien und Indien Nationen am Tisch, die wissen, was Armut, koloniale Unterdrückung und leistungsschwache Marktwirtschaft oder Sozialismus bedeuten. Dies ist zweifelsfrei eine epochale Veränderung, die eine andere Gewichtung von Erfahrungen und Interessen mit sich bringt und damit auch eine andere Dialogkultur.

So hat indirekt die katastrophale Ära Bush den Zusammenbruch der Übermacht der weißen Elite bewirkt, die sie doch eigentlich gerade festigen wollte – mit Reden über die Kraft freier Märkte und einem von Berufspolitikern und Lobbyisten beherrschten Demokratiemodell. Gerade weil die G20-Runde letztlich im Konsens entscheiden muss, wird sie stabiler sein als der Versuch, zunächst ein Vertragswerk auszuarbeiten und damit Fehler wie die von Kyoto zu wiederholen.

Keineswegs verwunderlich, wenn auch als »zu wenig« kritisiert war, dass die ersten grundsätzlichen Entscheidungen der G20 das Finanzsystem und nicht das schon länger virulente Klimathema betrafen. Denn der drohende Zusammenbruch des Finanzsystems hat allen Staaten geschadet, Gewinner waren nur die Investmentbranche und deren Manager. Selbst die Vorteile für die Finanznationen Großbritannien, USA und Schweiz waren im Vergleich zu den Risiken sozialer Instabilität und sich verschuldender Staatshaushalte zu gering für eine Blockadehaltung. Unterstützend war, dass es sich bei der Finanzkrise um »kurzfristige« Probleme handelt, die uns als jetzige Generation treffen, während die langfristigen Themen es etwas schwerer haben. Aber auch bei der Abwehr des Klimawandels schafft der ausgewogene Dialog innerhalb dieser zwanzig Nationen enorme Fortschritte, Jahr für Jahr. Dies trotz der Enttäuschungen der Klimakonferenz von Kopenhagen, wo China, Indien und die USA die europäischen »Verpflichtungsforderungen« eindeutig ablehnten. Dennoch bewegt sich auch in diesen Nationen viel, deren technologische Maschinerie wird mehr und mehr umgelenkt auf Effizienz und neue Energien.

Es war eben nicht entscheidend, dass zuerst ein »Vertrag« entsteht, vielmehr muss die Motivation stimmen, muss der Wettstreit der Völker angeheizt werden. Gerade für die USA ist ein Diktat der internationalen Gemeinschaft schwerer zu akzeptieren. Deren Verfassung, aus der alten Kolonialherrschaft kommend, achtet streng auf Unabhängigkeit und auch auf das Selbstbewusstsein dieser Nation und unterwirft sich nicht leicht internationaler Einflussnahme. Die Trägheit der amerikanischen Bevölkerung ist inzwischen die größere Hürde als die der Regierung. Entscheidend ist, dass die Regierung Obama dennoch das Problem voll akzeptierte und, wie ja sichtbar, bereits mit hohem Tempo bei Technologien aufholt und nun implementiert. Genauso wichtig war, dass China bereits Mitte 2009 parallel zum ersten G20-Treffen einen bindenden Parteitagsbeschluss fasste, alternativen Energien und Umweltschutz die höchste Priorität im Lande zu geben.

Solche durch den Dialog der G20 mit angestoßenen Richtungsänderungen werden gerade für die Durchsetzung von Nachhaltigkeit und Werteschutz viel wichtiger sein als die künstlich wirkenden Klimakonferenzen in Kopenhagen und davor in Kyoto. Wichtig dabei ist, dass sich in jeder Nation das Verantwortungsbewusstsein umsetzt in wachsende Kraft der Zivilgesellschaft, die national und international nicht ruhen darf, das Gewissen der Weltgemeinschaft und die Gegenkraft zu falscher Politik zu sein. Die G20-Treffen schufen Ansporn und Vergleich, und sie erreichten damit vor allem die Motivation im ethischen Wettkampf der Kulturen, nicht der Buhmann zu sein. Auch im Wettbewerb der Nationen gelten eben die gleichen sozialpsychologischen Gesetze wie sonst in großen Gemeinschaften.

Es gibt keinen Zweifel, weltweit steigt die Bereitschaft zum Dialog, weil das neue Zeitalter globaler Vernetzung und globaler Probleme kaum mehr Krieg und Feindschaft als Konfliktlöser anbietet, sondern trotz enormer Unterschiede die Zusammenarbeit, der ja immer Dialog vorausgehen muss. Genau das ist der Ansatz dieses Buches. Der verstärkte Dialog zwischen Wirtschaft und den werteorientierten NGOs, der den mitbestimmten Wertekodex als Brücke nimmt zwischen gesellschaftlichen Erwartungen und der Realität der Märkte.

Dieses Buch hat beschrieben, wie die Mitbestimmung der Zivilgesellschaft Nachhaltigkeits- und Werteorientierung der Marktwirtschaft sichern kann. Ein umfassendes Konzept wird daraus, wenn auch die Politik akzeptiert, dass die Zivilgesellschaft und die Gemeinschaft der Bürger in große Grundsatzentscheidungen einzubeziehen sind und dass in der Mischung der repräsentativen Demokratie mit direktdemokratischen Elementen die stärkste Form zur Gestaltung unserer Zukunft liegt. Die Einsicht, dass eine erhöhte Leistungsbereitschaft, substanzielle Veränderungen und sogar Einschränkungen notwendig sind, ist in der Bürgerschaft wesentlich höher, als manch ein Funktionär oder Mandatsträger es zugeben mag. Im deutschen Grundgesetz steht: »Alle Macht geht vom Volke aus.« Es ist an der Zeit, dass auch die Politik hieran glaubt und der Bürgerschaft durch den Mittler der Zivilgesellschaft, aber auch verstärkt durch direkt-demokratische Instrumente eine viel tiefer gehende Mitsprache einräumt. Die unzureichende Kraft zu Problemlösungen in den letzten Jahrzehnten beweist, dass diese Schritte unerlässlich sind. Dieser Dialog fände deshalb weitere Stärkung in der themenbezogenen Einbeziehung der Bürger in politische Entscheidungen durch Volksentscheide und Referenden. Im Gegensatz zur allgemeinen Lehre scheint mir dabei die richtige Priorität, nicht den Gesetzgeber zu korrigieren, sondern schon im Vorfeld wichtiger Gesetzgebungsvorhaben Meinungsbildung und Mehrheitsmeinung zu klären. Gerade wichtige Meinungsbildungsprozesse zu Nachhaltigkeit und Generationengerechtigkeit könnte ein Bürgerrat der Zivilgesellschaft und der Wissenschaft beratend so begleiten, dass Kurzsichtigkeit, Sorglosigkeit und Herdentrieb ein effektives Gegengewicht finden. Die mit den Verträgen von Lissabon entstandene neue Handlungsfähigkeit der Europäischen Union ist begleitet von neuen Petitionsrechten, die den Ausgangspunkt für einen beginnenden Dialog auf europäischem Niveau bilden können, verbunden mit dem starken Anreiz der organisierten Gesellschaft, europaweit Gleichgesinnte zu suchen.

Nur wenn wir neue Instrumente des Dialogs und der Mitbestimmung in die politische und wirtschaftliche Steuerung mit einbeziehen, werden wir die globalen Probleme aus den Bereichen des großen Konflikts herausholen und durch gemeinsames Handeln ersetzen. Jeder andere Weg trägt das Stigma der Polarisation, den Vater des Stillstands und des ungelösten Konflikts. Das dürfen wir der nächsten Generation nicht antun. Vielmehr hat sie Anrecht auf vorausschauende Fürsorge, und die schon heute.

Epilog

Die Evolution hat uns eine duale Veranlagung zu Gut und Böse in die Wiege gelegt. Den Gutmenschen als kulturell dominant wird es nicht geben, zu viel Neigung zu Gier und Streit steckt in uns[50]. Aber die Geschichte der Menschheit macht klar, dass Vernunft und Einsicht Regelrahmen schaffen können, die unser Leben trotz dieser ambivalenten Veranlagung glücklich und positiv machen.

Ob die Zehn Gebote, der Koran, das Grundgesetz oder das Bürgerliche Gesetzbuch, alle Regelwerke sind Teil des jahrtausendealten Kampfes, ein übergeordnetes Wertegebot der Brüderlichkeit oder, moderner ausgedrückt, der sozialen Verantwortung für unsere Mitmenschen durchzusetzen. Das bezieht auch die Verantwortung für die nächsten Generationen ein. Gute Regeln des Gemeinschaftslebens ermöglichen hohen Lebensstandard, Zufriedenheit, ja Glück.

Dabei bilden die Exzesse des modernen Kapitalismus, insbesondere die allzu oft bestimmende marktwirtschaftliche Gier nur scheinbar einfach zu beherrschende Komponenten. Die Erfahrung zeigt, dass Regeln gegen den Druck der Gier durchzusetzen, auf erhebliche Schwierigkeiten treffen kann. Und die Erfahrung zeigt auch, dass die staatliche Führung allein eine zufriedenstellende Kontrolle der Fehlentwicklungen bisher nicht geschafft hat.

Dieses Buch zeigt einen Weg, wie die Regeln, die eine im Kern liberale Marktwirtschaft braucht, von innen heraus gestaltet werden können. Ich beschreibe praxisnah und mehrschichtig einen Weg, der mehr auf koordinierte Selbstverwaltung, begleitet von öffentlichem Dialog, setzt. Es ist zwar ein Weg mit weniger Staat, der aber trotzdem von der politischen Führung eingefordert werden muss.

Natürlich gibt es immer auch ein »weiter wie bisher«. Aber die historische Erfahrung lehrt, dass ein Schleifenlassen von sozialen Fehlentwicklungen irgendwann in einer Revolution und vielleicht auch im Chaos endet. Reformen sind der vernünftigere Weg. Dazu müssen wir die Voraussetzungen verbessern. Die offensichtliche Schwäche der politischen Klasse könnte sich dabei kompensieren lassen durch ein höheres Plateau unserer politischen Kultur – durch eine Demokratie, die den Bürger stärker, aber auch anders in die Denk- und Entscheidungsprozesse einbezieht.

Wir haben ein Wirtschaftssystem, das der Großteil der Weltbevölkerung anstrebt. Wohlstand und soziale Sicherheit, wenn auch mit Schattenseiten. In vielen Ländern besteht allerdings noch nicht die Chance auf Umsetzung. Das soziale Elend, aber auch die großen Fluchtbewegungen aus benachteiligten Ländern kennen wir aus jeder Tageszeitung. Weniger bewusst ist den meisten, wie sehr unsere Marktwirtschaft gerade die armen Länder ausbeutet, statt sie zu entwickeln. Wie unsere Wirtschaft viele versteckte Kosten »externalisiert«, also in die schwächeren Teile der Welt abschiebt, und so letztlich Kolonialismus und Ausbeutung weiterleben lässt. Stefan Lessenich beschreibt das in seinem Buch *Neben uns die Sintflut* und nennt uns die »Externalisierungsgesellschaft«.[51]

Die Bezeichnung fordert dazu heraus, auch über eine andere »Externalisierung« nachzudenken, nämlich die Belastung unserer Jugend durch unsere Fehler – und unsere enormen, von Schulden finanzierten Ansprüche. Die junge Generation ist nicht mehr so geburtenstark – umso mehr wäre es ein Gebot der Fairness, ihr in politischen und zivilgesellschaftlichen Strukturen ein stärkeres Bestimmungsrecht zu geben statt altkluger Bevormundung. Ob Gewerkschaften, politische Parteien oder auch Wirtschaftsverbände – viel zu wenig ist starke, systemimmanente Mitsprache der jungen Generation üblich.

Die heutige Jugend wird es sein, die eines Tages die Frage stellt: *Was habt ihr gewusst, und was habt ihr getan?* Es hilft, gerade in diesen turbulenten Zeiten täglich über eine befriedigende Antwort nachzudenken – und sich entsprechend zu engagieren.

Peter H. Grassmann

Vorwort zur 1. Auflage
vom ehem. EU-Kommissar Dr. Franz Fischler

Man muss wahrscheinlich Topmanager (gewesen) sein, um in vollem Umfang zu begreifen, wie weit wir uns mit unserem Wirtschaftssystem von Vernunft und Ethik entfernt haben. Wie konnte es passieren, dass Adam Smith, der »Urvater« unseres Wirtschaftssystems, so grundlegend verdreht und missbraucht wurde? Aus der von ihm beschriebenen unsichtbaren Hand, die mit Gefühl und Tastsinn ausgestattet war, die von Vernunft gesteuert wurde, ist ein Roboter, ein einarmiger Bandit geworden, dessen Raffgier keine Grenzen und kein Erbarmen mit dem Verlierer kennt. Denn der Markt hat weder ein Gewissen noch ein Erinnerungsvermögen. Und ohne Erinnerungsvermögen ist er auch weder lernfähig noch nachhaltig.

Doch der Markt ist eine enorm leistungsfähige und robuste Maschine, die, wenn sie richtig gesteuert wird, breiten Wohlstand und einen sorgsamen Umgang mit unseren Ressourcen gewährleisten kann. So gesehen, ist es höchst unfair, sich auf die Maschine auszureden, wenn es in Wahrheit an der ethischen Steuerung durch den Menschen mangelt.

Die Welt ist aus dem Gleichgewicht geraten, leidet – wie es der Buchtitel pointiert auf den Punkt bringt – an einem »Burn-out«. Genau hier setzt Peter H. Grassmann mit seinem Buch an, indem er schon im Titel die Frage stellt, wie wir eine aus den Fugen geratene Welt wieder ins Lot bringen können. Ins Lot bringen bedeutet ja nichts anderes, als ein neues Gleichgewicht zu suchen zwischen Freiheit der Märkte und sozialer Ordnung, zwischen Macht und Kontrolle, zwischen individuellen Partikularinteressen und Gruppendenken, zwischen Egoismus und sozialer Verantwortung, zwischen Ressourcenverbrauch und Zukunftsfähigkeit.

Um dieses neue Gleichgewicht auch durchsetzen zu können, vertraut der Autor auf die Zivilgesellschaft. Aufbauend auf dem deutschen Modell der Mitbestimmung in Unternehmen, beschreibt er einen neuen Weg zu mehr Mitbestimmung der Zivilgesellschaft. Er entwickelt ein Modell, das, basierend auf einer Rahmengesetzgebung, die Stimme der BürgerInnen stärker einbezieht, z. B. durch die verstärkte Mitarbeit von NGOs. Für Unternehmen sieht das Modell, zusätzlich zur »Corporate Social Responsibility«, branchenspezifisch verpflichtende Aktionsprogramme, Sanktionsregeln und einen verbindlichen Wertekodex vor. Der Autor regt an, den AkteurInnen auf Branchenebene die Möglichkeit zu geben, auf Basis von politischen Rahmenvorgaben eigene Werte, Produktverpflichtungen, Effizienzprioritäten oder Werbephilosophien zu schaffen. Daraus soll ein Instrumentarium entstehen, das ökosoziales Handeln nachhaltig sicherstellt. Wie das Modell konkret funktionieren kann, zeigt der Autor anhand der topaktuellen Beispiele Klimawandel, Finanzkrise und nachhaltigkeitsorientierte Governance.

»Wir brauchen einen intensiveren Dialog zwischen Politik, Wirtschaft und Zivilgesellschaft über Nachhaltigkeit, soziale Gerechtigkeit und globale Fairness und, daraus resultierend, ein engagiertes Handeln in allen Bereichen«, so der Autor. Mit seinem Buch »BurnOut. Wie wir eine aus den Fugen geratene Wirtschaft wieder ins Lot bringen« zeigt Peter H. Grassmann einen Weg auf, wie wir nicht nur aus den aktuellen Krisen herausfinden, sondern auch verhindern können, dass wir bald wieder in neue Krisen hineinschlittern.

Dr. Franz Fischler,
ehem. EU-Kommissar Landwirtschaft
und Landesentwicklung

Literatur

Verhaltenspsychologie und Marktwirtschaft

Ernst, Andreas M.; Spada, Hans: Bis zum bitteren Ende? In: Schahn, Joachim; Giesinger, Thomas (Hrsg.): Psychologie für den Umweltschutz. Beltz Psychologie Verlags Union, 1993, S. 17–27.

Frey, Dieter; Rosenstiel, Lutz von; Graf Hoyos, Carl (Hrsg.): Wirtschaftspsychologie. Beltz Psychologie Verlags Union, 2005.

Helfrich, Silke; Heinrich-Böll-Stiftung (Hrsg.): Wem gehört die Welt? Zur Wiederentdeckung der Gemeingüter. oekom, 2009.

Hellbrück, Jürgen; Fischer, Manfred: Umweltpsychologie. Ein Lehrbuch. Hogrefe, 1999.

Katz, Daniel; Kahn, Robert L.: The Social Psychology of Organizations. John Wiley & Sons, 1978.

Stenger, Horst: Vom Katastrophenwissen zum Umweltbewusstsein. Wissenssoziologische Schlussbemerkungen. In: Dreitzel, Hans Peter; Stenger, Horst (Hrsg.): Ungewollte Selbstzerstörung. Reflexionen über den Umgang mit katastrophalen Entwicklungen. Campus, 1990, S. 177–196.

Wortmann, Klaus; Stahlberg, Dagmar; Frey, Dieter: Energiesparen. In: Schahn, Joachim; Giesinger, Thomas (Hrsg.): Psychologie für den Umweltschutz. Beltz Psychologie, Verlags Union, S. 77–101.

Zivilgesellschaft und Gesellschaftskritik

Diamond, Jared: Kollaps. Warum Gesellschaften überleben oder untergehen. Fischer, 2006.

Faßbender, Heino; Kluge, Jürgen: Perspektive Deutschland. Was die Deutschen wirklich wollen. Econ, 2006.

Gore, Al: Angriff auf die Vernunft. Riemann, 2007.

Miegel, Meinhard: Die deformierte Gesellschaft. Wie die Deutschen ihre Wirklichkeit verdrängen. Propyläen, 2003.

Miegel, Meinhard: Epochenwende. Gewinnt der Westen die Zukunft? Propyläen, 2005.

Müller, Michael; Niebert, Kai: Epochenwechsel. Plädoyer für einen grünen New Deal. oekom verlag, 2009.

Nolte, Paul: Riskante Moderne. Die Deutschen und der neue Kapitalismus. Beck, 2006.

Steiner, Rudolf: Die Kernpunkte der sozialen Frage in den Lebensnotwendigkeiten der Gegenwart und Zukunft. Rudolf Steiner, 1991.

Entwicklung des Ordnungsrahmens der Marktwirtschaft

Braunberger, Gerald: Keynes für jedermann. Die Renaissance des Krisenökonomen. Frankfurter Allgemeine Buch, 2009.

Drucker, Peter F.: Post-Capitalist Society. Harper Collins, 1993.

Erhard, Ludwig: Wohlstand für alle. Anaconda, 2009.

Eucken, Walter: Grundzüge der Wirtschaftspolitik. Mohr, 1990.

Felber, Christian: Kooperation statt Konkurrenz. 10 Schritte aus der Krise. Deuticke, 2009.

Friedmann, Milton: Kapitalismus und Freiheit. Piper, 2009.

Grassmann, Peter H.: Plateau 3: Zukunft vererben. Werteregulierte Marktwirtschaft und Bürgerdemokratie. Murmann, 2007.

Hayek, Friedrich A.: Der Weg zur Knechtschaft. Olzog, 2009.

Hemel, Ulrich: Wert und Werte. Ethik für Manager – ein Leitfaden für die Praxis. Hanser, 2005.

Landers, David S.: The Wealth and Poverty of Nations. Why Some Are So Rich and Some So Poor. W. W. Norton & Comp., 1999.

Münchau, Wolfgang: Das Ende der Sozialen Marktwirtschaft. Hanser, 2006.

Popper, Karl R.: Die offene Gesellschaft und ihre Feinde. Mohr Siebeck, 2003.

Rauch, Herbert; Strigl, Alfred: Die Wende der Titanic. Wiener Deklaration für eine zukunftsfähige Weltordnung. oekom, 2005.

Riegler, Josef: Den Blick nach vorn. Ökosozial leben und wirtschaften. Club Niederösterreich, 2009.

Schumpeter, Joseph A.: Kapitalismus, Sozialismus und Demokratie. UTB Stuttgart, 2005.

Schumpeter, Joseph A.: Theorie der wirtschaftlichen Entwicklung. Duncker & Humblot, 2006.

Smith, Adam: Theorie der ethischen Gefühle. Felix Meiner, 2004.

Smith, Adam: Wealth of Nations. Prometheus Books, 1991. (Aktuelle deutsche Übersetzung: Smith, Adam: Wohlstand der Nationen. Anaconda, 2009.)

Ulrich, Peter: Integrative Wirtschaftsethik. Grundlagen einer lebensdienlichen Ökonomie. Haupt, 2007.

Ulrich, Peter: Zivilisierte Marktwirtschaft. Eine wirtschaftsethische Orientierung. Herder, 2005.

Wachstum und Globalisierung

Demoll, Reinhard: Ketten für Prometheus. Bruckmann, 1954.

Dürr, Hans-Peter: Warum es ums Ganze geht. Neues Denken für eine Welt im Umbruch. oekom, 2009.

Ekardt, Felix: Das Prinzip der Nachhaltigkeit. Generationengerechtigkeit und globale Gerechtigkeit. Beck, 2005.

Friedman, Thomas L.: Die Welt ist flach. Eine kurze Geschichte des 21. Jahrhunderts. Suhrkamp, 2005.

Gore, Al: Wege zum Gleichgewicht. Ein Marshallplan für die Erde. Fischer, 1992.

Jackson, Tim: Prosperity without Growth. Economics for a Finite Planet. Earthscan, 2009.

Marber, Peter: Seeing the Elephant. Understanding Globalization from Trunk to Tail. John Wiley & Sons, 2009.

Meadows, Donella; Meadows, Dennis; Randers, Jørgen: Die Grenzen des Wachstums. Das 30-Jahre-Update. Hirzel, 2006.

Radermacher, Franz Josef: Globalisierung gestalten. Die neue zentrale Aufgabe der Politik. Terra Media, 2005.

Radermacher, Franz Josef; Obermüller, Marianne; Spiegel, Peter: Global Impact. Der neue Weg zur globalen Verantwortung. Hanser, 2009.

Schumann, Harald; Grefe, Christiane: Der globale Countdown. Finanzcrash, Wirtschaftskollaps, Klimawandel – Wege aus der Weltkrise. Kiepenheuer & Witsch, 2009.

Stiglitz, Joseph E.; Charlton, Andrew: Fair Trade. Agenda für einen gerechten Welthandel. Murmann, 2006.

Uexküll, Jakob von: Das sind wir unseren Kindern schuldig. Europäische Verlagsanstalt, 2007.

Klimawandel

Beck, Silke: Das Klimaexperiment und der IPCC. Schnittstellen zwischen Wissenschaft und Politik in der internationalen Politik in den internationalen Beziehungen. Metropolis, 2009.

Berger, Hartwig: Der lange Schatten des Prometheus. Über unseren Umgang mit Energie. oekom, 2009.

Leggewie, Claus; Welzer, Harald: Das Ende der Welt, wie wir sie kannten. Klima, Zukunft und die Chancen der Demokratie. Fischer, 2009.

Rahmstorf, Stefan; Schellnhuber, Hans-Joachim: Der Klimawandel – Diagnose, Prognose, Therapie. Beck, 2007.

Hans Josef Fell: Globale Abkühlung. Strategien gegen die Klimaschutz-Blockade, Beuth, 2013.

Finanzkrise

Holztrattner, Manfred: Macht ohne
Moral. Wirtschaft und Politik am
Beginn des 3. Jahrtausends. LIT,
2007.

Ishikawa, Tetsuya: How I Caused the
Credit Crunch. Icon Books, 2009.

Solte, Dirk: Weltfinanzsystem in
Balance. Die Krise als Chance für
eine nachhaltige Zukunft. Terra
Media, 2009.

Walter, Norbert: Marktwirtschaft und
Moral. Wie Werte das Vertrauen
in die Ökonomie stärken. Berlin
University Press, 2009.

Weck, Roger de: Nach der Krise. Gibt
es einen anderen Kapitalismus?
Nagel & Kimche, 2009.

Lebensstil
und Gleichgewichte

Grober, Ulrich: Die Entdeckung der
Nachhaltigkeit. Kulturgeschichte
eines Begriffs. Kunstmann, 2010.

Layard, Richard: Die glückliche
Gesellschaft. Was wir aus der
Glücksforschung lernen können.
Campus, 2009.

Miegel, Meinhard: Exit. Wohlstand
ohne Wachstum. Propyläen, 2010.

Schindler, Jörg; Held, Martin;
Würdemann, Gerd: Postfossile
Mobilität. Wegweiser für die Zeit
nach dem Peak Oil. VAS, 2009.

Weizsäcker, Ernst Ulrich von; Har-
groves, Karlson; Smith, Michael:
Faktor Fünf. Die Formel für
nachhaltiges Wachstum.
Droemer Knaur, 2010.

Weizsäcker, Ernst Ulrich von;
Lovins, Amory B.; Lovins, L.
Hunter: Faktor Vier. Doppelter
Wohlstand – halbierter Naturver-
brauch. Droemer Knaur, 1997.

Whybrow, Peter C.: American Mania.
When More Is Not Enough. W. W.
Norton & Comp., 2006.

Wiegandt, Klaus (Hrsg.): Forum für
Verantwortung, (Reihe), daraus
– Jäger, Jill: Was verträgt unsere
Erde noch? Fischer, 2006
– Meyer, Bernd: Wie muss die
Wirtschaft umgebaut werden?
Fischer, 2007.
– Müller, Harald: Wie kann eine
neue Weltordnung aussehen?
Fischer, 2007.

Ergänzung zur Neuauflage

Herzog, Lisa: Freiheit nicht nur für
die Reichen, Beck, 2016.

Beck, Volker: Mischt euch ein, Econ,
2017.

Ekardt, Felix: Wir können uns
ändern. Gesellschaftlicher Wandel
jenseits von Kapitalismuskritik
und Revolution, oekom, 2017

Lessenich, Stefan: Neben uns die
Sintflut, Hanser, 2017.

Thomas Piketty: Das Kapital im
21. Jahrhundert, Beck, 2014.

F. J. **Radermacher**: Welt mit Zukunft:
Die ökosoziale Perspektive, Murmann, 2012.

F. J. **Radermacher, H. Weiger,
J. Riegler**: Ökosoziale Marktwirtschaft, oekom, 2011.

Randers, Jorgen: 2052. Der neue
Bericht an den Club of Rome,
oekom, 2012

Anmerkungen

1 http://eur-lex.europa.eu/ LexUriServ/LexUriServ.do?uri =COM:2011:0681:FIN:DE:PDF, siehe S. 12

2 https://www.bmjv.de/SharedDocs/ Gesetzgebungsverfahren/DE/CSR-Richtlinie-Umsetzungsgesetz. html.

3 Lisa Herzog: Freiheit-gehört-nicht-nur-Reichen.

4 http://www.huffingtonpost.de/ peter-grassmann/.

5 http://www.de-ipcc.de/_media/ IPCC-AR5_SYR-SPM_vorlaeu fige-Uebersetzung_Dez2015.pdf.

6 http://www.un.org/depts/german/ conf/agenda21/rio.pdf.

7 »Zivilgesellschaft« meint hier das unabhängig organisierte Bürgertum, also die Organisationen, die nicht Teil der Politik oder der Wirtschaft sind, oft auch als Non-Government-Organisationen oder NGOs bezeichnet. Sie treten bevorzugt gegen soziale und ökologische Fehlentwicklungen an mit zunehmender Betonung von Nachhaltigkeitszielen.

8 Peter H. Grassmann: Plateau 3. Zukunft vererben. Werteregulierte Marktwirtschaft und Bürgerdemo-kratie, Murmann, 2007.

9 Massachusetts Institute of Technology in Cambridge, Großraum Boston/USA.

10 https://de.wikipedia.org/wiki/ Gebäudeeinsturz_in_Sabhar.

11 http://www.siemens.com/about/ sustainability/pool/cr-framework/ business_conduct_guidelines_ d.pdf.

12 http://w5.siemens.com/cms/ supply-chain-management/en/ supplier-at-siemens/download-center/Documents/code-of-conduct/Code%20of%20 Conduct%20dt%20V3%200.pdf.

13 https://www.db.com/cr/de/ konkret-kulturwandel.htm.

14 www.dcgk.de/de/kommission.

15 www.advamed.org.

16 www.europa.eu/rapid, Presse-mitteilung der EU-Kommission 29. Juli 1998, IP/98/734.

17 www.advamed.org, siehe Code of Ethics.

18 International Institute of Finance, www.iif.com.

19 http://www.unserland.info.

20 https://www.nachhaltigkeitsrat.de

21 http://www.deutscher-nachhaltig
keitskodex.de/de/startseite.html.

22 https://de.wikipedia.org/wiki/
Global_Reporting_Initiative.

23 https://de.wikipedia.org/wiki/
ISO_26000.

24 White Paper on European Governance 2001, http://eur-lex.europa.
eu/LexUriServ/site/en/com/2001/
com2001_0428en01.pdf.

25 Eine neue EU-Strategie für die
soziale Verantwortung von Unter-
nehmen(CSR) 2011–14,
http://eur-lex.europa.eu/LexUri
Serv/LexUriServ.do?uri=COM:
2011:0681:FIN:DE:PDF.

26 Stellungnahme der vier Spitzen-
verbände zur EU-Strategie CSR
2011–2014, http://www.csr
germany.de.

27 Bessere Rechtsetzung in Europa:
Deutschland 2010, OECD S. 81 ff.,
inbes90–92, 103/104.

28 Vgl. Zimmermann, Carsten,
Compliance im Mittelstand.
Aktuelle Entwicklungen und
zunehmende Anforderungen an
die Unternehmensführung, in:
Kloepfel-Magazin, Januar 2013,
Herausgeber: Klöpfel-Consulting
Gruppe, Düsseldorf, S. 2.

29 Vgl. Kopp, Reinhold, Compliance
in Wirtschaftsverbänden, in:
Schriftenreihe des Instituts für
Europäisches Medienrecht Bd. 40:
Europäisches und nationales

Medienrecht im Dialog, Baden-
Baden 2010, S. 453 f.

30 European Commission – Better
Self- and Co-Regulation – Activity
Report, http://ec.europa.eu/infor-
mation_society/newsroom/cf/dae/
itemdetail.cfm?item_id=9578.

31 Puppis, Manuel, et.al., Selbstregu-
lierung und Selbstorganisation,
Unveröffentlichter Schlussbericht
zuhanden des Bundesamtes für
Kommunikation (BAKOM) unter
Projektleitung von Prof. Dr.
Otfried Jarren und Prof. Dr. Wolf
H. Weber, Zürich 2004.

32 http://www.die-umwelt-akademie.
de/images/stories/download/
Grassmann-Selbstverpflichtung.
pdf.

33 www.iif.com.

34 www.us-cap.org.

35 www.energiewende-oberland.de.

36 http://www.huffingtonpost.de/
peter-grassmann/der-unprofes
sionelle-brex_b_10810560.html.

37 http://www.huffingtonpost.de/
peter-grassmann/drei-grunde-
fuer-volksentscheide_b_12437282.
html.

38 http://www.swr.de/marktcheck/
freihandelsabkommen-fuer-
dienstleistungen-tisa-der-boese-
re-bruder-von-ttip-und-ceta/-/
id=100834/did=18548358/
nid=100834/164pvrq/.

39 Bundesverband der Deutschen
Industrie. Er ist die Dachorga-

nisation von etlichen hundert Wirtschaftsverbänden.

40 http://www.entsorgergemein schaft.de/edde.

41 Food and Drug Administration, Zulassungsbehörde der USA für Pharmaka und Ernährung.

42 https://de.wikipedia.org/wiki/ Hans-Josef_Fell.

43 http://www.die-umwelt-akademie. de/index.php/veranstaltungen/ rueckblick , 23.2.2017.

44 https://de.wikipedia.org/wiki/ Kippelemente_im_Erdsystem.

45 www.wirtschaftfuerklimaschutz.eu.

46 www.sematech.org.

47 https://de.wikipedia.org/wiki/ Öko-Rating.

48 www.salzburg-ethik.com.

49 www.ecgi.org/codes/all_codes. php.

50 http://www.die-umwelt-akademie. de/index.php/veranstaltungen/ rueckblick/werteorientierte- marktwirtschaft-rueckblick/576- die-kurzsichtige-evolution-war- um-evoluntionsbedingte-gruende- ein-generationenuebergreifen- des-nachhaltiges-handeln- erschweren-12-juli-2016.

51 Stephan Lessenich: Neben uns die Sintflut. Die Externalisierungsge- sellschaft.

Über den Autor

Dr.-Ing. Peter H. Grassmann, Jahrgang 1939, studierte und promovierte am Max-Planck-Institut für Physik bei Werner Heisenberg im Bereich der Plasmaphysik. Von dort ging er an das MIT in Cambridge / USA, wo er Management und Computerwissenschaften studierte. Nach seiner Rückkehr nach Deutschland stieg er rasch in den obersten Führungskreis des Bereichs Medizintechnik der Siemens AG auf und trug dort durch technologische Pionierleistungen und weltweite Aufbauarbeit wesentlich zum internationalen Wachstum mit besonderen Erfolgsschwerpunkten in den USA und Japan bei, bis er aufgrund dieser Erfolge zum Vorstandsvorsitzenden von Carl Zeiss berufen wurde. Unterstützt von Lothar Späth, sanierte er das zur Carl-Zeiss-Stiftung gehörende Unternehmen und zog sich relativ früh aus der aktiven Führung von Unternehmen zurück, um sich seinem Interesse für Unternehmensethik widmen zu können. Parallel war er Mitglied in zahlreichen Aufsichtsräten der Industrie und der Wissenschaft, darunter dem Senat der Max-Planck-Gesellschaft. Grassmann ist Ehrensenator der Hochschule für Technik und Wirtschaft in Aalen sowie Träger der Wirtschaftsmedaille Baden-Württemberg und des Bundesverdienstkreuzes. Heute ist er Mitglied des Vorstands der UMWELT-AKADEMIE e.V. und Mitglied im Kuratorium von Mehr Demokratie e.V.